Königs Erläuterungen und Materialien
Band 386

Erläuterungen zu

Patrick Süskind

Das Parfum

von Bernd Matzkowski

Bange Verlag

Über den Autor dieser Erläuterung:

Bernd Matzkowski ist 1952 geboren. Er ist verheiratet und hat drei Kinder.
Lehrer (Oberstudienrat) am Heisenberg Gymnasium Gladbeck
Fächer: Deutsch, Sozialwissenschaften, Politik, Literatur/Theater (in NRW in der Sek. II eigenes Fach mit Richtlinien etc.)
Beratungslehrer für Suchtprävention
Ausbildungskoordinator

Hinweis:
Die Rechtschreibung wurde der amtlichen Neuregelung angepasst.
Zitate Süskinds müssen aufgrund eines Einspruches in der alten Rechtschreibung beibehalten werden.

5. aktualisierte Auflage 2007
ISBN-13: 978-3-8044-1716-8

Foto: Patrick Süskind. Ullstein - Camera Press Ltd.
Druck und Weiterverarbeitung: Tiskárna Akcent, Vimperk

**Vorwort:
Hinweise zum Leseprozess: anarchische Lektüre und systematisches Lesen** 5

1. Patrick Süskind: Leben und Werk 7
1.1 Biografie 7
1.2 Zeitgeschichtlicher Hintergrund 10
1.3 Angaben und Erläuterungen zu wesentlichen Werken 12

2. Textanalyse und -interpretation 15
2.1 Entstehung und Quellen 15
2.2 Inhaltsangabe 22
2.3 Aufbau 28
2.3.1 Das Moment des Aufbruchs 30
2.3.2 Das Moment des Paradoxen 32
2.3.3 Das Moment des Zufalls 34
2.3.4 Das Moment des Scheiterns und der Anonymität 36
2.4 Personenkonstellation und Charakteristiken 40
2.4.1 Grenouille: die Entwicklungsphasen der Hauptfigur 40
2.4.2 Grenouille - das Monster 72
2.4.3 Grenouille - der Teufel und Dämon 74
2.4.4 Grenouille - der Zeck 76
2.4.5 Grenouille - der Mörder und Künstler 81
2.4.6 Grenouille und seine Beziehungen zu anderen Figuren des Romans 86
2.4.7 Baldini, Taillade-Espinasse und Richis: ihre Beziehung zu Grenouille und ihre Haltung gegenüber den Ideen des Zeitalters der Aufklärung 92
2.4.8 Die gescheiterte Aufklärung 100
2.5 Sachliche und sprachliche Erläuterungen 102

2.6 Stil und Sprache 107
2.6.1 *Das Parfum:* der Titel des Romans als mehrdimensionales Schlüsselwort 110
2.6.2 *Das Parfum* – der historisch-kulturelle Kontext 111
2.6.3 Parfum als Duft – der Kontext im Roman 114
2.6.4 *Das Parfum* – der politische Kontext 116
2.7 Interpretationsansätze 121

3. Themen und Aufgaben 127

4. Rezeptionsgeschichte und Materialien 129
4.1 Religion und Ethik 129
4.2 Pastiche und Postmoderne 133
4.3 Masse und Individuum 136
4.4 Der Bestseller 139
4.5 Stimmen der Kritik 140

Literatur 146

Vorwort:
Hinweise zum Leseprozess: anarchische Lektüre und systematisches Lesen

Das private Lesen eines Romans oder einer Erzählung ist recht eigentlich ein anarchischer Akt: der Leser bestimmt das Lesetempo, kann die Lektüre unterbrechen, beschleunigen, abbrechen oder wiederholen, ganz, wie es ihm beliebt. Im besten Falle wird man von einer Lektüre so fasziniert sein, dass sie einen nicht mehr loslässt, ganz so, wie es Edgar Wibeau aus Plenzdorfs *Die neuen Leiden des jungen W.* mit dem Werther-Roman von Goethe geht (ohne dass Edgar überhaupt weiß, was er da liest):

> *„Nach zwei Seiten schoss ich den Vogel in die Ecke. Leute, das konnte wirklich kein Schwein lesen. Beim besten Willen nicht. Fünf Minuten später hatte ich den Vogel wieder in der Hand. Entweder ich wollte bis früh lesen oder nicht. Das war meine Art. Drei Stunden später hatte ich es hinter mir."*[1]

Süskinds Roman versteht es offensichtlich, Leserinnen und Leser in seinen Bann zu schlagen und einen suggestiven Sog zu entfalten, der zum Weiterlesen antreibt. Die wenigsten Rezipienten des Romans werden, um es in Edgars Wibeaus Sprache zu sagen, „den Vogel in die Ecke schießen". Den meisten Leserinnen und Lesern geht es mit dem Roman eher so, wie es den Figuren im Roman mit dem von Grenouille entwickelten Parfum geht, sie werden zur Weiterlektüre regelrecht „verführt".

Unterrichtliche Lektüre geht anders vor. Im 45- oder 90-Minuten-Takt von Schulstunden wird ein erzählerisches Werk zergliedert und auf seine Bestandteile und Einzelaspekte hin un-

1 Ulrich Plenzdorf, *Die neuen Leiden des jungen W.*, Frankfurt am Main 1976, S. 36

tersucht bzw. unter bestimmten Schwerpunkten analysiert oder, bei einem kreativen oder produktorientierten Verfahren, als „Spielmaterial" oder Ausgangsbasis benutzt. Im Kontext unterrichtlicher Lektüre ist der Erläuterungsband zu sehen. Er rückt den Protagonisten in den Mittelpunkt, geht auf die Figuren ein, denen Grenouille begegnet, bietet Informationen zur Struktur und den erzählerischen Mitteln des Romans und stellt Material zur eigenständigen Weiterarbeit zur Verfügung, setzt also Schwerpunkte. Diese Schwerpunkte sollen das Verständnis einiger Aspekte des Romans erleichtern, dienen nicht der Gängelung der Leserinnen und Leser und können die eigenständige Arbeit im Rahmen des Unterrichts nicht ersetzen.
Textgrundlage der Erläuterung ist die Taschenbuchausgabe des Diogenes Verlages (detebe Nr. 22800) von 1994, die zu großen Teilen seitengleich ist mit der gebundenen Diogenes-Ausgabe von 1985.

1. Patrick Süskind: Leben und Werk[2]

1.1 Biografie

Jahr	Ort	Ereignis	Alter
26. 3. 1949	Ambach (Starnberger See)	Patrick Süskind wird als zweiter Sohn des Publizisten und Redakteurs Wilhelm Emanuel Süskind in Ambach am Starnberger See geboren.	
ab 1955		Besuch der Volksschule von Holzhausen und des Gymnasiums, Abitur und Wehrersatzdienst	6
ab 1968	München	Studium der Geschichte in München, Studienaufenthalt in Aix-en-Provence	19
1974		Magisterarbeit Süskind entschließt sich, „freier Schriftsteller" zu werden.	24
1981	München	*Der Kontrabaß*, Uraufführung in München Arbeit an Drehbüchern, u. a. zu den Fernsehserien *Monaco Franze. Der ewige Stenz* und *Kir Royal. Aus dem Leben eines Klatschreporters*	32

2 vergl. zu diesem Kapitel auch Frizen/Spancken, bes. S. 7–22, Hanns-Peter Reissner, *Patrick Süskind, Das Parfum,* Klett Lektürehilfen, Klett Verlag, Stuttgart 1998, bes. S. 105–115, Alexander Raab/Dr. Ellen Oswald, *Patrick Süskind, Das Parfum,* Mentor Lektüre Durchblick Bnd. 323, Mentor Verlag, München 2. Aufl. 1998, S. 20–23 und S. 30–35, Eckhard Franke, *Patrick Süskind,* in: Kritisches Lexikon zur deutschsprachigen Gegenwartsliteratur (KLG), 42. Nachlieferung (NLG), edition text und kritik, S. 1–8

1985		***Das Parfum***	36
1987		*Die Taube*	38
1991		*Die Geschichte von Herrn Sommer*	42
1996/97		Drehbuch zu *Rossini oder Die mörderische Frage, wer mit wem schlief.* Süskind lebt in München, Paris und Montolieu/Südfrankreich. Die Annahme mehrerer ihm zuerkannter Literaturpreise hat Süskind abgelehnt.	47
2006		**Verfilmung des *Parfums*** (*Das Parfum – Die Geschichte eines Mörders.* Regie: Tom Tykwer, Drehbuch: Andrew Birkin, Bernd Eichinger, Tom Tykwer. Frankreich/Spanien/Deutschland 2006)[3]	57

„Ja so laßt mich doch endlich in Frieden!"[4]

Süskind – ein Einzelgänger

Dieser einzige Satz der Titelfigur aus Patrick Süskinds *Geschichte von Herrn Sommer* gilt wohl auch für den Autor selbst.

Süskind gehört unzweifelhaft zu den (international) bekanntesten Autoren der deutschsprachigen Gegenwartsliteratur. Über die Biografie des Autors, seine Vita, weiß die Öffentlichkeit

3 Bernd Eichinger, u. a. Produzent der Verfilmung von Umberto Ecos Roman *Der Name der Rose*, hat über Jahre vergeblich versucht, von Süskind die Rechte für eine Verfilmung des Romans *Das Parfum* zu erhalten. Hinweise auf diese vergeblichen Bemühungen Eichingers gibt der Film „Rossini oder die mörderische Frage, wer mit wem schlief" (Regie: Helmut Dietl), an dessen Drehbuch Süskind mitwirkte. Hinter der Film-Figur des Jakob Windisch leuchtet Süskind selbst auf. Im Jahre 2002 hat Süskind Eichinger die Filmrechte dann doch verkauft.

4 Patrick Süskind, *Die Geschichte von Herrn Sommer*, Zürich 1991, S. 39

allerdings recht wenig. Geschickt hat es der Bestsellerautor bisher verstanden, sich seine Privatsphäre zu sichern.
Ganz im Gegensatz zu manchem weitaus weniger bekannten Kollegen entzieht sich Süskind der Medienmaschinerie und ihren Talkshows, Interviews, Fototerminen und „Hintergrundberichten".
Auch den Ritualen des Literaturbetriebs unterwirft sich der Erfolgsautor nicht. Mehrere ihm angediente Literaturpreise hat er abgelehnt (so den Gutenberg-, den Tukan- und den FAZ-Literaturpreis).[5]
Patrick Süskind wurde am 26. März 1949 in Ambach am Starnberger See geboren. Sein Vater, der Schriftsteller, Übersetzer und langjährige Mitarbeiter der Süddeutschen Zeitung, Wilhelm Emanuel Süskind, ist u. a. durch die gemeinsam mit Dolf Sternberger und Gerhard Storz herausgegebene und verfasste Artikelsammlung *Aus dem Wörterbuch des Unmenschen* bekannt geworden, in der sich die Autoren kritisch mit der Sprache des „Unmenschen" (der national-sozialistischen Gewaltherrschaft) und ihrem Fortwirken beschäftigen.
Süskind studierte von 1968 bis 1974 in München und Aix-en-Provence Geschichte, entschloss sich aber wie sein Vater, der ebenfalls Geschichte studiert hatte, als „freier Schriftsteller" zu arbeiten.
Durchaus selbstironisch hat Patrick Süskind einmal angemerkt, er habe sich zunächst „als Autor von kürzeren unveröffentlichten Prosastücken und längeren unverfilmten Drehbüchern" einen Namen gemacht.[6]
Mittlerweile werden Süskinds Prosastücke millionenfach gelesen, etliche Drehbücher sind verfilmt worden.
Süskind lebt in München, Paris und Montolieu (Südfrankreich).

---

5 Süskinds knappe Geschichte *Der Zwang zur Tiefe* kann wohl als Abrechnung mit der (Literatur-) Kritik gelesen werden. Eine junge Malerin wird durch den Hinweis eines Kritikers, ihren Bildern fehle es an Tiefe, aus dem Gleichgewicht gebracht. Schließlich springt sie von einem Hochhaus in die Tiefe (vergl. P. Süskind, *Der Zwang zur Tiefe.* In: Tintenfaß 20, Zürich 1991, S. 259–263)

6 E. Franke, S. 1

1.2 Zeitgeschichtlicher Hintergrund

Der (übrigens nicht unumstrittene) Begriff „Postmoderne" beschreibt literarische Strömungen und Tendenzen in der Literatur, die ab den 80er Jahren des 20. Jahrhunderts eine Abkehr von der „Moderne", also der Literatur des ausgehenden 19. und beginnenden 20. Jahrhunderts, signalisieren. Die Literatur der Moderne, wie sie etwa in den Strömungen des Expressionismus und Dadaismus zum Ausdruck kommt, war durch eine große Experimentierfreude und die Suche nach neuen ästhetischen Ausdrucksmöglichkeiten gekennzeichnet. Durch die Entwicklungen in Naturwissenschaft und Technik vorangetrieben, brachen die alten (einheitlichen) Weltbilder auf und wurden durch Offenheit ersetzt; an die Stelle geschlossener Werte- und Moralsysteme traten Uneindeutigkeiten und Pluralismus. Auf die Auflösung der alten ideologischen Muster reagierte die Literatur mit der Zertrümmerung überkommener ästhetischer Kategorien und (in der Epik) narrativer Stategien. Als Beispiel eines Romans der „Moderne", an dem die neue Art des Erzählens deutlich wird, kann in der deutschsprachigen Literatur etwa Alfred Döblins Roman *Berlin Alexanderplatz* gelten. Eine Handlung im klassischen Sinne gibt es nicht, ebenso keinen Spannungsbogen, der auf einen Höhepunkt zuläuft. Reflexion tritt an die Stelle von Handlung, das Erzählen konstituiert sich aus Montage, Collage, Perspektivwechseln, Wechsel der Erzählsituationen und Redeformen. Im Mittelpunkt steht letztlich nicht der Protagonist Franz Biberkopf, sondern die Stadt Berlin, der er sich gegenüber sieht.

Moderne und Postmoderne

Postmoderne Autoren, zu denen auch Süskind zu rechnen ist, setzen sich in ihrer Erzählweise deutlich

Traditionelle Muster des Erzählens

von der Moderne ab, ohne jedoch dabei ein „vor-modernes" geschlossenes Weltbild oder eine Moral anzubieten. Süskind erzählt im *Parfum* eine spannende Geschichte mit einem Protagonisten im Mittelpunkt, nimmt als Erzähler – hier ganz traditionell – den Leser an die Hand und führt ihn durch die Welt seines Romans. Zugleich, auch das ein Kennzeichen der Postmoderne, ist die Romanwelt eine Welt der Vergangenheit, in die der Leser eintauchen kann, ohne sofort und auf den ersten Blick eine Beziehung zu seiner Gegenwart herstellen zu können (oder zu sollen). Von den gängigen Mustern des Trivialen setzt sich der Roman aber durch die für postmoderne Literatur kennzeichnende Intertextualität ab, das als Zitat, Parodie oder als Collage daherkommende spielerische, ironische und zugleich höchst kunstvolle Einmontieren von Versatzstücken aus dem Fundus der Hoch- und Trivialliteratur. Dies kann in Form der Andeutung, des Verweises, des Zitats oder der Paraphrase geschehen. Durch diese Technik der Doppel- oder Mehrfachkodierung des Textes wird aber nicht nur ein Dialog mit der (traditionellen) Literatur begonnen, derer sich Süskinds Roman auf der Ebene der Textentlehnung und Parodie bedient, sondern auch ein Dialog mit den Rezipienten, deren Lesevergnügen steigt, je mehr sie das Zitierte und Einmontierte als Zitat und Montage erkennen.[7]

7 So beginnt Süskinds Roman mit einer Paraphrasierung von Kleists *Michael Kohlhaas* (siehe auch 2.1).

1.3 Angaben und Erläuterungen zu wesentlichen Werken

1981 wird Süskinds Ein-Personenstück *Der Kontrabaß* in München aufgeführt, mit dem Süskind schlagartig zum Erfolgsautor wird. Die monomanische Suada des Kontrabass-Spielers, der in einem schallisolierten Raum lebt, wird mit über 500 Aufführungen und über zwanzig Inszenierungen zum meistgespielten Theaterstück der Saison 1984/85 im deutschsprachigen Raum und zugleich zum ersten internationalen Erfolg Süskinds, denn sein Stück wird in zahlreiche Sprachen übersetzt und u. a. in London und New York auf die Bühne gebracht. Die „brillant-verräterische Selbstdarstellung eines Orchestermusikers aus dem zweiten Glied"[8] zeigt einen Mann, der an der eigenen „Unauffälligkeit und Bedeutungslosigkeit" leidet und zwischen „verinnerlichter Subordination" und „nörgelndem Fatalismus (...) changiert."[9]

Süskind und das Medium Fernsehen

Dass er ein Grenzgänger zwischen literarischem Anspruch und Massenunterhaltung ist, dokumentiert Patrick Süskind in den 80er Jahren durch die Mitarbeit an den Drehbüchern für zwei erfolgreiche Fernsehserien, nämlich „Monaco Franze. Der ewige Stenz" und „Kir Royal. Aus dem Leben eines Klatschreporters". Vor allem die zweite Serie, die im Pressemilieu angesiedelt ist und mit Franz-Xaver Kroetz einen Schriftstellerkollegen Süskinds in einer Hauptrolle präsentiert und mit dem Kabarettisten Dieter Hildebrandt und der Schauspielerin Senta Berger in weiteren Hauptrollen prominent besetzt ist, kommt nicht nur beim Publikum an, sondern wird auch in zahlreichen Fernsehkritiken gelobt.

8 Günther Grack, *Der Duft der Schönheit. Patrick Süskinds Roman ‚Das Parfum'.* In: Der Tagesspiegel 12021 v. 7. 4. 1985, S. 47

9 E. Franke, S. 3

Die Lobeshymnen der Kritiker überschlagen sich beim Erscheinen von Süskinds Roman *Das Parfum* (1985). Süskinds *Geschichte eines Mörders* wird zu einem Sensationserfolg. Und Marcel Reich-Ranicki feiert Süskind mit den Worten: „Also das gibt es immer noch oder schon wieder: einen deutschen Schriftsteller, der des Deutschen mächtig ist; einen zeitgenössischen Erzähler, der dennoch erzählen kann; einen Romancier, der uns nicht mit dem Spiegelbild seines Bauchnabels belästigt; einen jungen Autor, der trotzdem kein Langeweiler ist."[10]

1987 wird Süskinds Erzählung *Die Taube* veröffentlicht, deren Hauptfigur der Bankwachmann Jonathan Noel ist. Durch eine vor seiner Mansardentür sitzende Taube wird Noel aus der überraschungslosen Alltäglichkeit seines monotonen Lebens geworfen und stürzt in einen Zustand orientierungsloser Hilflosigkeit.

Der Lebensvermeider Noel lebt, wie der Kontrabass-Spieler, isoliert und einsam ein minutiös geplantes Leben, das aber durch das Auftauchen der Taube in einer Katastrophe zu enden droht.

Die Geschichte von Herrn Sommer, im Jahre 1991 erschienen, handelt weniger von der Titelfigur, sondern vielmehr von der Kindheit des Ich-Erzählers. Die Geschichte der Kindheit, die hier erzählt wird, weist einige Parallelen zur Kindheit des Autors auf. Wie Süskind wächst der Ich-Erzähler an einem See auf. Der Vater des Jungen ist sprachwissenschaftlich versiert und Liebhaber des Pferdesports (beide Details weisen auf Süskinds Vater hin). Am Ende der Geschichte geht der seltsame Wanderer Sommer, der raschen Schrittes täglich Dutzende von Kilometern durch die Landschaft eilt und dessen Lebensinhalt einzig in dieser ewigen Wanderschaft zu bestehen scheint, in den (Starnberger-)See, nur von dem Ich-Erzähler

10 M. Reich-Ranicki, in: FAZ

beobachtet. Von Herrn Sommer bleibt nichts – außer der Erinnerung des Knaben an diesen einen Satz: „Ja so laßt mich doch endlich in Frieden!"

Süskinds Figuren sind – wie ihr Autor – Einzelgänger

Dem „Spiegel" ist wohl zuzustimmen, wenn er in der Geschichte des menschenflüchtigen Sonderlings Sommer „mehr die Geschichte von Herrn Süskind selbst" sieht, der hinter dem Ich-Erzähler und seinem Wiedergänger Sommer gleichermaßen aufleuchtet und seinen Anspruch auf Frieden (Ruhe vor der Öffentlichkeit) erhebt.[11]

Süskinds Einzelgänger-Wesen leben alle in eigentümlichen Räumlichkeiten. Der Kontrabass-Spieler in einem schallisolierten Raum (einer Zelle?), der Wachmann Noel in einer winzigen Mansarde. Grenouille lebt sieben Jahre in einer Höhle unter der Erde, in der er nicht einmal ausgestreckt liegen kann. Der Ich-Erzähler aus der *Geschichte von Herrn Sommer* verbringt einen großen Teil seines Lebens auf Bäumen, abgehoben von den anderen Menschen. Und Sommer ist auf seinen Wanderschaften überall anzutreffen, doch nirgendwo verweilt er. Er hat zwar ein Heim, aber kein Zuhause.

Menschenscheu sind sie alle – die Figuren Süskinds, auf sich selbst und ihre kleine Welt reduziert. Für alle gilt wohl, was Süskind anlässlich des Stückes *Der Kontrabaß* geäußert hat: er habe „insofern auf eigene Erfahrungen zurückgreifen (können), als auch ich den größten Teil meines Lebens in immer kleiner werdenden Zimmern verbringe, die zu verlassen mir immer schwerer fällt. Ich hoffe aber, eines Tages ein Zimmer zu finden, das so klein ist und mich so eng umschließt, daß es sich beim Verlassen von selbst mitnimmt."[12]

---

11 N. N., *Riss in der Idylle. Neues von Patrick Süskind: Die Geschichte von Herrn Sommer.* In: Der Spiegel 43/1991, Hamburg 1991, S. 301–303

12 E. Franke, S. 5

2. Textanalyse und -interpretation

2.1 Entstehung und Quellen

„... denn unsere Sprache taugt nicht zur Beschreibung der riechbaren Welt."[13]

Das Parfum – ein Verkaufserfolg

In der 86. Ausgabe der Fachzeitschrift „Praxis Deutsch", die dem Thema „Bestseller" gewidmet ist, findet sich neben didaktischen Modellen zu Michael Endes *Momo*, Umberto Ecos Roman *Der Name der Rose* und Christa Wolfs Erzählung *Kassandra* auch ein Aufsatz zu Patrick Süskinds Roman *Das Parfum.*[14] Und dies nicht zu Unrecht.
Denn wie die anderen genannten Werke ist Süskinds *Geschichte eines Mörders,* so der Untertitel, tatsächlich in kürzester Zeit zu einem Verkaufserfolg geworden.
Bereits wenige Monate nach dem Erscheinen war die erste Auflage mit über 100 000 Exemplaren vergriffen. Rasch folgten weitere Auflagen, und kaum zwei Jahre nach dem Erscheinungsjahr 1985 waren über 600 000 Exemplare im deutschsprachigen Raum verkauft, weit über 200 000 Exemplare in Frankreich und 150 000 in Spanien.
Übersetzungen in mehr als 20 Sprachen, darunter Katalanisch, Finnisch und Japanisch, dokumentieren den internationalen Erfolg des Romans, von dem 1991 in Deutschland 1,2 Millionen und weltweit 6 Millionen Exemplare aufgelegt waren.[15]
Im Jahre 2006 betrug die weltweite Gesamtauflage des Romans rund 20 Millionen Exemplare.

13 Patrick Süskind, *Das Parfum,* Zürich 1994, S. 160 (ab jetzt abgekürzt: Parfum)
14 siehe Norbert Berger, *Patrick Süskind, Das Parfum.* In: Praxis Deutsch 86, Seelze 1987, S. 58–62
15 vergl. N. Berger, S. 58; J. P. Wallmann gibt eine Startauflage von nur 50000 Exemplaren an, vergl. hierzu J. P. Wallmann, *Der Duft des großen kleinen Genies.* In: Deutsches Allgemeines Sonntagsblatt Nr. 15 v. 14. 4. 1985, S. 27

Begeisterte Literaturkritik

Süskinds Werk ließ nicht nur die Kassen des Verlages und der Buchhändler klingeln und fand nicht nur eine rasch wachsende Schar von Leserinnen und Lesern. Auch die Feuilletons überschlugen sich schon bald nach dem Vorabdruck des Romans in der „Frankfurter Allgemeinen Zeitung" vor Begeisterung. „Süskind zelebriert Prosa als Sinnen-Genuss"[16] heißt es bei Thomas Hocke, Gabriele Alings nennt den Roman ein „spannendes, intelligentes, klug konstruiertes, sehr gekonnt geschriebenes Lesefieber-Buch"[17], da ist von „Erzähllust" die Rede und davon, dass Süskind „so leicht und locker, so behend und gelenkig" erzähle.[18] Und Marcel Reich-Ranicki, damals noch Literatur-Chef der FAZ, konstatierte apodiktisch: „Jedenfalls ist es schön, endlich einmal feststellen zu können: Unsere Literatur hat ein Talent mehr und ein erstaunliches obendrein."[19]

Die wenigen skeptisch-kritischen Stimmen gehen im Lobgesang der Kritikerkaste nahezu unter.[20] Es tut sich also die Frage auf, worin der Erfolg des Romans begründet liegt, was die Faszination des Nasenmonsters Grenouille denn ausmacht?

Süskind trifft das Leserinteresse

Ganz offensichtlich bedient der Roman auf vielfältige Weise die unterschiedlichsten Interessen von Leserinnen und Lesern.

Der traditionelle (um nicht zu sagen: anachronistische) Erzählstil ist eingängig. Eine Geschichte wird, unter nahezu vollständigem Verzicht auf die Elemente moderner Romane wie Mon-

16 Thomas Hocke, *Duftige Mordrätsel aus dem Paris Watteaus.* In: Rheinischer Merkur/Christ und Welt Nr. 13 v. 23. 3. 1985, S. 21

17 Gabriele Alings, *Dufte/Patrick Süskinds „Parfum" ein Mörder auf der Suche nach dem Duft aller Düfte.* In: Die Tageszeitung Nr. 1578 v. 4. 4. 1985, S. 8

18 Rainer Hartmann, *Die feine Nase des Grenouille – Erzähllust entführt in eine Welt der Düfte.* In: Kölner Stadt-Anzeiger 68/28 v. 21. 3. 1985

19 Marcel Reich-Ranicki, *Des Mörders betörender Duft/Patrick Süskinds erstaunlicher Roman „Das Parfum".* In: Frankfurter Allgemeine Zeitung Nr. 52 v. 2. 3. 1985

20 vergl. etwa Beatrice von Matt, *Das Scheusal als Romanheld.* In: Neue Zürcher Zeitung. Fernausgabe 61 vom 15. 3. 1985, S. 43; und selbst von Matt konzidiert dem Autor bei aller Kritik immerhin, er habe einen „bestechenden Einfall" gehabt (vergl. von Matt)

tage, Rück- und Vorblenden, Perspektivwechsel, innerer Monolog u. a., weit gehend einsträngig chronologisch erzählt.[21] Ein auktorialer Erzähler nimmt die Leser bei der Hand und führt sie in die Welt seiner Charaktere und in die stinkende und duftende Welt des 18. Jahrhunderts in Frankreich („Zu der Zeit, von der wir reden, herrschte in den Städten ein für uns moderne Menschen kaum vorstellbarer Gestank", Parfum, S. 5). Der Roman trifft dabei auf eine Leserschaft, die sich vom (stilistisch) Experimentellen und Riskanten gleichermaßen abwendet wie von einer Literatur der subjektiven Nabelschau und der dürren Intellektualiät und stattdessen dem literarisch Deftigen, aber handwerklich Perfekten den Vorzug gibt. „Die Literatur der letzten Jahre hat deutlichen Überdruss gezeigt an allem Vernünftigen, Aufgeklärten, Gedachten (und also auch: Erzählten). Sie entdeckte – wenigstens behauptete sie das – ‚den Körper', ‚das Begehren'. Ihre Sprache war das Stammeln, ihre Vernunft meist nur ein vernunftkritisches Vokabular. In diese etwas flache Szenerie ragt Süskinds *Parfum* als eine herrliche Gegenkulisse".[22]

Süskinds Motivwahl und die literarischen „Vorbilder" für Grenouille

Neben dem Erzählstil des Romans spielt auf dem Hintergrund gewandelter Leserinteressen deshalb sicherlich auch die Motivwahl eine Rolle. Süskinds monströser Mörder hat etliche literarische Vorbilder, um nicht zu sagen Vorväter. Hugos Quasimodo, der Glöckner von Notre-Dame, ist zu nennen, mit dem Grenouille das hässliche Äußere teilt. Chamissos Peter Schlemihl hat kei-

21 Der Autor weicht nur in wenigen Ausnahmefällen und recht behutsam von der Chronologie ab, so beispielsweise beim Vorgriff auf das zukünftige Schicksal Madame Galliards (vergl. Kap. 5 des Romans)

22 Gerhard Stadelmaier, *Lebens-Riechlauf eines Duftmörders.* In: Die Zeit Nr. 12 v. 15. 3. 1985, S. 59; vergl. auch Annette Meyhöfer, *Zwerg Nase im Reich der Geruchssinne.* In: Vorwärts Nr. 26 v. 22. 6. 82, S. 22, und Wolfram Schütte, *Parabel und Gedankenspiel.* In: Frankfurter Rundschau v. 5. 4. 1985, S. ZB 4

nen Schatten, Süskinds Grenouille keinen Eigengeruch. E. T. A. Hoffmanns Goldschmied Cardillac sieht in der Dunkelheit, Grenouille riecht sich durch die Dunkelheit. Mit Camus' Meursault *(L'Étranger)* teilt Grenouille in gewisser Weise den Prozess der Bewusstwerdung; wie dieser sich seiner „Fremdheit" bewusst wird, muss Grenouille gleichermaßen seine Genialität und seinen fehlenden Körpergeruch entdecken. Grass' Oskar Matzerath *(Die Blechtrommel)* lässt Glas durch seinen Gesang zerspringen, Grenouilles besondere Fähigkeit liegt im „Erriechen" der Welt. Huysmans Des Esseintes *(A Rebours)* schließlich gibt die Vorlage für Süskinds „Supernase" ab. Und der Froschkönig (Grenouille = der Frosch) lässt sich ebenso als Ahn erkennen wie der gute alte Zwerg Nase.
Der Autor spielt virtuos mit literarischen Motiven. Die Schöne (Laure Richis) und das Biest (Grenouille) begegnen sich – allerdings ohne Happyend; das Motiv vom Kindesmord wird gleich zu Beginn des Romans variiert; es gibt religiöse (das Motiv des Schöpfungsaktes) und philosophische Bezüge (Grenouilles Aufenthalt in der Höhle, vergl. Nietzsches Zarathustra).[23]

Vielzahl von Genres

Der Vielzahl der Motive entspricht die Vielzahl der Genres, an die Süskind anknüpft. *Das Parfum* ist ein Reiseroman und führt uns von Frankreichs Hauptstadt ins Zentralmassiv, nach Montpellier und in die Stadt der Düfte und Parfumeure, Grasse, und schließlich nach Paris zurück. Süskinds Werk ist ein historischer Roman, der Details der Handwerkstechnik der Gerber und Parfumeure ebenso vor uns ausbreitet, wie er uns, wenn auch mit unübersehbaren parodistischen Elementen, das Zeitalter der Aufklärung vor Augen führt. Und der Autor gewährt

23 vergl. zu diesem Abschnitt u. a. Karl-Heinz Götze, *Mörderischer Wohlgeruch/Patrick Süskinds Roman ‚Das Parfum'.* In: Deutsche Volkszeitung/die tat Nr. 35 v. 30. 8. 1985, S. 2, und Heinz Dörfler, *Das Feature-Modell. Zur Erschließung von Patrick Süskinds Roman ‚Das Parfum'.* In: H. Dörfler, Moderne Romane im Unterricht, Frankfurt 1988, besonders S. 109 sowie S. 122–124

uns einen Einblick in die hygienischen Verhältnisse des 18. Jahrhunderts.[24] Süskinds Werk weist aber auch Elemente des Entwicklungsromans auf, denn wir verfolgen den inneren und äußeren Werdegang Grenouilles von der Geburt bis zum Tod. Die Liebhaber des fantastischen Romans und des Horrorgenres werden ebenfalls bedient, stattet der Autor seinen „Helden" doch mit Fähigkeiten, Eigenschaften und Verhaltensweisen aus, die gleichermaßen bizarr und befremdend wie angsteinflößend sind.
Der Untertitel des Romans *(Geschichte eines Mörders)* deutet schon auf das Genre des Kriminalromans hin; und immerhin bringt es Grenouille auf die stattliche Anzahl von 26 Morden, so dass Rudolf Krämer-Badoni nicht ganz grundlos die Frage aufgeworfen hat, ob mit Süskinds Grenouille ein neuer „Vampir für den Film" geschaffen worden sei? [25] Und geschickt versteht es der Erzähler, die diesbezüglichen Erwartungen der Leser zu wecken, wenn es gleich zu Beginn über die Hauptfigur heißt, sie gehöre „zu den genialsten und abscheulichsten Gestalten dieser an genialen und abscheulichen Gestalten nicht armen Epoche" (Parfum, S. 5).[26]
Nicht zuletzt werden auch die Freunde erotischer Literatur auf ihre Kosten kommen, denn bei den Opfern Grenouilles handelt es sich immer um ausgesucht schöne Mädchen („... hatte ein so entzückendes Gesicht, daß Besucher jeden Alters und Ge-

---

24 Quellen, aus denen Süskind seine Kenntnisse schöpfte, waren u.a. Alain Corbins *Pesthauch und Blütenduft/Eine Geschichte des Geruchs* (Berlin 1984) und Eugene Rimmels *Buch des Parfums* (Frankfurt/Berlin 1988).

25 Rudolf Krämer-Badoni, *Neuer Vampir für den Film? Patrick Süskinds Romangeschichte eines Mörders.* In: Die Welt Nr. 40 v. 16. 2. 1985, S. 21. Grenouille ist allerdings, ganz im Gegensatz zu einem Vampir, nicht am Blut der Jungfrauen, die er tötet, interessiert, sondern nur an deren Geruch.

26 Die Ähnlichkeit mit dem Beginn von Kleists *Michael Kohlhaas* ist (wohl in parodistischer Absicht) gewollt: „An den Ufern der Havel lebte, um die Mitte des sechzehnten Jahrhunderts, ein Rosshändler, namens Michael Kohlhaas, Sohn eines Schulmeisters, einer der rechtschaffensten zugleich und entsetzlichsten Menschen seiner Zeit." (Heinrich von Kleist, *Michael Kohlhaas,* Stuttgart 1979, S. 3)

schlechts augenblicks erstarrten und den Blick nicht mehr von ihr nehmen konnten ...", heißt es über Laure Richis, Grenouilles 26. Opfer; Parfum, S. 254). Das Umschlagmotiv der Diogenes-Ausgaben, entnommen Antoine Watteaus Gemälde „Nymphe et Satyre ou Jupiter et Antiope", sendet eindeutige optische Signale aus, die ebenfalls auf die erotischen Elemente des Romans verweisen.

Als Genre, auf das sich Süskind bezieht, muss auch der Künstlerroman genannt werden. Der Künstlerroman entwickelt sich zunächst im Sturm und Drang; dem Künstler ist das Geniehafte zugewiesen, das Besondere, das ihn von der Masse abhebt. Das Genie schafft in rauschhafter Freiheit, jenseits der tradierten Normen und Werte und durchaus im Gegensatz zur Gesellschaft. In dem Künstlerroman der Romantik steht der Künstler zumeist im Gegensatz zum Bürger; zugleich ist, wie etwa bei E. T. A. Hoffmann *(Das Fräulein von Scuderi)*, das Künstlertum mit einer inneren Zerrissenheit verbunden. Unschwer wird man die genannten Aspekte – rauschhaftes geniales Schaffen einerseits, innere Zerissenheit andererseits – in der Grenouille-Figur entdecken können (siehe auch 2.4.5).

Für den Erfolg des Romans ist aber neben den bisher genannten Faktoren auch die Sprache verantwortlich. Wenn der Erzähler die bereits eingangs zitierte These aufstellt, unsere Sprache tauge nicht zur Beschreibung der riechbaren Welt, so scheint der Autor genau das Gegenteil beweisen zu wollen. Landschaften, Menschen, Tiere, Gegenstände werden anhand der von ihnen ausgehenden Gerüche beschrieben, ja, sogar über sie definiert, indem sie in kleine und kleinste Geruchsnuancen differenziert werden.

Zur Sprache des Romans

Der Schöpfer des Geruchsgenies und Mörders Grenouille tritt uns auch als Schöpfer von Wortkompositionen entgegen, die sich, oft in langen Reihungen, kaskadenhaft über ganze Zeilen ergießen. Das ist ein Schwelgen in Vergleichen, ein Abtauchen in Adjektivhypertrophien, ein Kumulieren von Superlativen, gleichsam um sich an den Kern eines Geruchs sprachlich „heranzuriechen". Dass dabei – so ganz nebenbei selbstverständlich! – die Floskel vom „jemanden nicht riechen können" mannigfach variiert durchgespielt wird, zeigt nur, wie souverän der Autor das sprachliche Handwerk beherrscht.[27]

Die oben aufgezeigten Aspekte, die zum Erfolg des Romans beigetragen haben, verdeutlichen, wie vielschichtig Süskinds Werk ist.[28] Es versteht sich daher beinahe von selbst, dass wir in den Erläuterungen dem Roman nicht gerecht werden können.

Wir wollen vielmehr versuchen, den Leserinnen und Lesern einige Handreichungen mit auf den Weg zu geben, die die Lektüre erleichtern sollen und dabei zu einem tieferen Verständnis für Süskinds *Geschichte eines Mörders* führen können.

Es erschließen sich dadurch vielleicht Dimensionen, die bei einer ersten („anarchischen") Lektüre verborgen bleiben. Wenn Volker Hage über Süskinds Roman schreibt: „Kein Buch jedenfalls, das man in der Hoffnung ein zweites Mal lesen würde, ihm noch tiefere Geheimnisse entlocken zu können", so möchten wir diesem Urteil energisch widersprechen. Wir hoffen, dass unsere Erläuterungen dabei helfen können, das eine oder andere Geheimnis, das der Roman verbirgt, zu entdecken, vielleicht sogar zu lösen.[29]

---

27 Die Sprache des Romans wird in der literarischen Kritik durchaus kontrovers bewertet. Da ist einerseits von der „Kraft fast vergessener Worte" die Rede (Michael Fischer, *Ein Stänkerer gegen die Deo-Zeit.* In: Der Spiegel Nr. 10 v. 4. 3. 1985, S. 238), andererseits werden Süskind „triviale Elemente" in der Sprache (Repetitionen und Häufungen) angekreidet (Beatrice von Matt, in: Neue Zürcher Zeitung).

28 Süskinds Roman ist ja nicht nur ein Bestseller, sondern auch ein „Longseller". Von der 13. Ausgabe des „Spiegel" im Jahre 1985 bis zur 1. Auflage des Jahres 1993 befand sich *Das Parfum* in der „Bestsellerliste" des Hamburger Nachrichtenmagazins (zum Begriff des „Bestsellers" und „Longsellers" siehe Klaus Gerth, *Bestseller.* In: Praxis Deutsch 86, Seelze 1987, S. 12–16).

29 Volker Hage, *Zur deutschen Literatur 1985.* In: Deutsche Literatur 1985 (Hrsg.: Volker Hage), Stuttgart 1986, S. 10

2.2 Inhaltsangabe

Kap. 1

Jean-Baptiste Grenouille wird am 17. 7. 1738 am allerstinkendsten Ort des Königreichs Frankreich, dem Cimetière des Innocents in Paris, am Verkaufsstand seiner Mutter, einer ledigen Fischhändlerin, geboren. Grenouille ist von Geburt an mit einem besonders hoch entwickelten Geruchssinn ausgestattet, hat aber keinen Eigengeruch.
Der Versuch seiner Mutter, Grenouille, wie schon andere ihrer Kinder vorher, zwischen den Fischresten sterben zu lassen, scheitert. Wegen mehrfachen Mordes wird die Mutter hingerichtet.
Grenouille wird von Amts wegen in die Obhut einer Amme gegeben.

Kap. 2 – Kap. 5

Seine ersten Lebenswochen verbringt Grenouille bei verschiedenen Ammen, bis er schließlich in die Obhut von Madame Gaillard kommt, einer gefühllosen Frau ohne Geruchssinn. Sein fehlender Eigengeruch fällt ihr nicht auf. Mordanschläge seiner Mitzöglinge, die ihn wegen seiner Zurückgezogenheit und seines seltsamen Äußeren hassen, übersteht er ebenso wie mehrere Krankheiten und Unglücksfälle. Grenouille ist genügsam wie ein Zeck, lernt nur unzureichend die menschliche Sprache, beginnt aber damit, seine Umgebung geruchlich zu erfassen und die gesammelten Gerüche in seinem Gedächtnis zu speichern.

Kap. 6 – Kap. 8

Als Grenouille acht Jahre alt ist, verkauft Madame Gaillard ihren Zögling

an den Gerber Grimal, bei dem er unter unmenschlichen Bedingungen arbeiten und leben muss. Grenouille übersteht die tödliche Gerberkrankheit Milzbrand und wird für Grimal ein wertvoller Mitarbeiter. Die ihm allmählich gewährten kleinen Freiräume nutzt Grenouille, um Paris olfaktorisch zu erfassen. Er sammelt, allerdings ohne jedes Prinzip, alle Gerüche, spaltet sie in einzelne Komponenten auf, speichert diese, kombiniert neue Düfte und zerstört sie wieder.
Am 1. September 1753 steigt Grenouille ein besonders feiner Geruch in die Nase. Besessen von dem Wunsch, diesen Geruch zu besitzen, verfolgt er ihn zu seinem Ausgangspunkt, einem jungen Mädchen. Grenouille bringt das Mädchen um und saugt dessen Geruch in sich ein. Dank dieses Geruchs ist er in der Lage, die bisher gesammelten Gerüche systematisch zu ordnen und planvoll Geruchskombinationen zu entwickeln. Grenouille erkennt seine Bestimmung und hat ein Ziel vor Augen: er will ein Schöpfer von Düften sein, er will der größte Parfumeur aller Zeiten werden. Moralische Skrupel wegen der Ermordung des Mädchens hat er nicht, denn das Wertvollste, ihren Duft, bewahrt er in seinem Gedächtnis.

Kap. 9 – Kap. 21

Eines Tages wird Grenouille mit einem Auftrag Grimals zum Parfumeur Baldini geschickt, der sich gerade entschlossen hat, sein immer schlechter gehendes Geschäft aufzugeben. Durch eine Demonstration seiner Fähigkeiten, Gerüche zu erkennen und zu neuen Düften zu kombinieren, überzeugt Grenouille Baldini davon, ihn als Lehrling anzustellen. Baldini ändert seine Pläne und kauft Grimal den Jungen ab.
Grenouille produziert Unmengen von Düften für Baldini, während er von Baldini die handwerklichen Techniken sowie die Sprache der Parfumeure erlernt. Baldini steigt zum größten

Parfumeur Frankreichs auf. Als Grenouilles Versuche scheitern, bestimmten Stoffen ihre Gerüche vermittels der Destillation zu rauben, wird er sterbenskrank. Erst als ihm Baldini zusagt, ihm zum Gesellenbrief zu verhelfen, und ihm Grasse als den Ort nennt, an dem andere Techniken der Duftgewinnung praktiziert werden, bessert sich Grenouilles Zustand.

Kap. 21 – Kap. 29

Nach Erhalt des Gesellenbriefs bricht Grenouille nach Grasse auf. Auf dem Weg dorthin wird ihm der Menschengeruch so sehr zuwider, dass er sich zum menschenfernsten Punkt Frankreichs, einem Vulkan im Zentralmassiv, zurückzieht. Dort lebt er, glücklich über seine Einsamkeit und sich über sieben Jahre von Moos, Wasser und kleinen Tieren ernährend, in einer Höhle. Er träumt von sich als göttlichem Weltenerzeuger und rächendem Weltenzerstörer und betrinkt sich in Rauschzuständen an seinen gesammelten Geruchserinnerungen wie an Wein. Erst die im Traum hervorgerufene Erkenntnis von seinem fehlenden Eigengeruch stürzt Grenouille in eine innere Katastrophe. Er verlässt die Höhle.

Kap. 30 – Kap. 34

In seinem verwilderten Zustand gelangt Grenouille zum Marquis de la Taillade-Espinasse, der ihn als lebenden Beweis für die von ihm entwickelte Theorie vom „fluidum letale" betrachtet. Der Marquis unterzieht Grenouille einer Kur, lässt ihn sich herausputzen und führt Grenouille einer Gelehrtenversammlung als Demonstrationsobjekt vor.
Grenouille mischt sich aus verschiedenen vorgefundenen Ingredienzen einen Menschengeruch, dessen Wirkung er erfolgreich erprobt. Zum ersten Mal wird er von den Menschen als

ihresgleichen akzeptiert. Grenouille fasst den Entschluss, Menschen zu beherrschen und sie durch ein Parfum dazu zu bringen, ihn zu lieben.

Kap. 34 – Kap. 38

Von Montpellier aus zieht Grenouille nach Grasse weiter. Dort weht ihm der Wind wieder einen faszinierenden Geruch in die Nase. Abermals verfolgt er diesen Geruch, der von einem Mädchen ausgeht.
Doch tötet er das Mädchen diesmal nicht, sondern gibt sich zwei Jahre Zeit, um zu warten, bis der Duft des Mädchens sich voll entfaltet hat.
Diese zwei Jahre des Wartens nutzt Grenouille, um sich in einem kleinen Duftatelier die Techniken der enfleurage anzueignen. Im Laufe der Zeit lernt es Grenouille, den Dingen ihren Geruch zu entreißen. Er stellt sich verschiedene Eigengerüche her, die er in unterschiedlichen sozialen Situationen verwendet. Gleichzeitig verfeinert er sein handwerkliches Geschick, bis er feststellt, welche Methode die beste ist, um einem Lebewesen den Duft zu entreißen.

Kap. 39 – Kap. 40

Von der Angst gepackt, den Duft des rothaarigen Mädchens einmal verlieren zu müssen, wenn das daraus hergestellte Parfum verbraucht ist, entschließt sich Grenouille, den Duft des Mädchens als kostbarsten Edelstein in ein Duftdiadem einzubauen. Die Basis für dieses Duftdiadem sollen ihm 24 Mädchen liefern, die er in der folgenden Zeit tötet, um ihren Duft zu ernten.
Die aufgrund der Morde in der Bevölkerung entstandene Unruhe legt sich, als nach einem Bittgottesdienst die Mordserie ein Ende findet.

Kap. 41 – Kap. 46

Nur ein Bürger von Grasse, Antoine Richis, der Vater des Mädchens, ahnt, dass nicht der Bittgottesdienst der Grund für das Ende der Mordserie ist. Richis durchschaut das System der Morde, wenn auch nicht das Motiv, und er erkennt, dass seine Tochter Laure das nächste Opfer sein wird. Er bringt Laure deshalb aus der Stadt, um sie zu verheiraten und dadurch für den Mörder wertlos zu machen.
Doch Grenouille bemerkt das Fehlen von Laures Geruch in der Stadt und verfolgt Vater und Tochter. Er ermordet Laure in dem Gasthauszimmer, in dem ihr Vater sie untergebracht hat, enfleuriert sie und kehrt nach Grasse zurück.

Kap. 47 – Kap. 50

Aufgrund der polizeilichen Ermittlungen wird Grenouille verhaftet. Er gesteht die Tat, sagt aber, trotz Folter, nichts über seine Motive und wird zu einem grausamen Tod verurteilt.
Seine Hinrichtung wird vorbereitet wie ein Volksfest. Als Grenouille am Tag der Hinrichtung vor die Menschen tritt – sein Parfum aus den Mädchendüften hat er fertig gestellt und mit einigen Tropfen davon hat er sich besprenkelt – glaubt niemand mehr, dass er der Mörder sein könne. Das Parfum entfaltet seine Wirkung. Alle Menschen lieben ihn plötzlich, die geplante Hinrichtung entwickelt sich zu einer Massenorgie.
Diesen Triumph kann Grenouille jedoch nicht genießen. Er ekelt sich vor den Menschen, hasst sie und möchte einen Widerhall dieses Hasses spüren. Doch genau dies vereitelt sein Parfum.
Als Grenouille Antoine Richis auf sich zukommen sieht, hofft er erleichtert, dass dieser ihn töten wird und ihn dadurch erlöst. Doch Richis umarmt Grenouille und bittet ihn um Verzeihung. Grenouille fällt in eine Ohnmacht.

Er erwacht im Bett Laures, und Antoine Richis bittet Grenouille, sein Adoptivsohn zu werden und den Platz seiner Tochter einzunehmen, der er so ähnele.
Wenig später verlässt Grenouille Grasse.

Kap. 51

Grenouille kehrt nach Paris zurück, zur Stätte seiner Geburt. Dort versammeln sich nachts Diebe, Mörder und Messerstecher. Als Grenouille, der sich mit seinem Parfum übergossen hat, in ihre Mitte tritt, erscheint er dem Gesindel plötzlich wie ein Engel.
In einem kannibalischen Akt stürzt die Meute sich auf Grenouille, zerhackt ihn in dreißig Teile und frisst ihn auf.
Grenouille ist vom Erdboden verschwunden.
Die Kannibalen jedoch haben „zum ersten Mal etwas aus Liebe getan."

2.3 Aufbau

Süskinds erzählerisches Talent wird allenthalben gelobt. Und dies, obwohl (oder weil?) er sich eines ganz und gar „unmodernen" Erzählstils bedient. „Tatsächlich schreibt Süskind, als hätte er nie Kafka gelesen und nie von Joyce gehört. Seine Vorbilder sind eher bei den Romanciers des neunzehnten Jahrhunderts zu suchen, zumal den französischen von Balzac bis Victor Hugo. Einiges mag er auch, bewusst oder unbewusst, von Marcel Proust gelernt haben. Sicher ist: Um die verschiedenartigen Mittel und Errungenschaften, um die ausgeklügelten Techniken und raffinierten Tricks der modernen Prosa kümmert sich dieser Autor nicht einen Pfifferling", stellt Marcel Reich-Ranicki zu Recht fest.[30]

Erzählzeit und erzählte Zeit und die Rolle des Erzählers

Süskinds einsträngig chronologisch erzählter Roman beginnt mit der Geburt des Protagonisten, endet mit dessen Tod und umfasst eine erzählte Zeit von rund 29 Jahren. Somit ergeben sich Raffungen, denn die Erzählzeit ist wesentlich kürzer als die erzählte Zeit. Der auktoriale Erzähler organisiert die Elemente der Geschichte, wie Ereignisse, Figuren, Schauplätze und Zeit, von einem allwissenden Standpunkt aus, wendet sich gelegentlich in Kommentaren, die manchmal einen ironisch-distanzierten Unterton haben, an die Leser und Leserinnen. Der Erzähler bedient sich überwiegend des Erzählerberichts, wobei Ereignisse, Figuren und Räume ebenso beschrieben werden wie die Gedanken und Empfindungen der Figuren (Innensicht) vor den Lesern ausgebreitet werden.

30 Marcel Reich-Ranicki, in: FAZ. W. Schütte ist einer der wenigen Rezensenten, die Süskinds Erzählstil negativ bewerten und den Lobrednern unterstellen, in ihrer Begeisterung für den Autor und seinen Erzählstil schwinge auch das „immer präsente Ressentiment gegen das Riskante, Komplexe, ‚Esoterische' der Avantgarde" mit. (W. Schütte, in: Frankfurter Rundschau)

Der Autor verwendet verschiedene Formen der Personenrede (direkt oder indirekt wiedergegebene Äußerungen oder Gedanken der handelnden Figuren). Er verzichtet allerdings weitgehend auf erzählerische Mittel wie den inneren Monolog, stream of consciousness oder Montagetechnik.[31]
Eine Besonderheit stellt die (wie die Szene eines Theaterstücks angelegte) Passage des Romans dar, in der das Gespräch zwischen Baldini und Chénier im Figurendialog präsentiert wird (der Erzähler tritt hinter die Figuren völlig zurück; vergl. Kap. 10 des Romans).

Gliederung des Romans

Der Roman ist in vier unterschiedlich umfangreiche Teile gegliedert, wobei die Kindheit Grenouilles und seine Zeit bei Grimal und Baldini in 22 Kapiteln geschildert werden (erster Teil) und Grenouilles Tod in nur einem Kapitel (zugleich Teil 4) abgehandelt wird. Alle Kapitel sind um eine „Achse" gruppiert: die Darstellung von Grenouilles Leben im Plomb du Cantal (in den Kapiteln 24 bis 29). Diese „Mittelachse" des Romans fällt in eins mit Grenouilles Entwicklungsprozess vom Jugendlichen zum Erwachsenen (als Grenouille den Plomb du Cantal im Jahre 1756 erreicht, ist er achtzehn Jahre alt; er verlässt den Berg als 25-Jähriger) und dem entscheidenden Schritt zu seiner Selbstfindung (er entdeckt das Fehlen seines Eigengeruchs). Im Hinblick auf die innere Entwicklung des Protagonisten liegt der Höhepunkt also in der „Mitte" des Romans. Im Hinblick auf die äußere Entwicklung der Geschehnisse und den äußeren Spannungsbogen liegt der Höhepunkt im 3. Teil des Romans, in dem die *Geschichte eines Mörders* u. a. „auch von den gängigen Stilmitteln der Krimi-Suspense getragen" wird.[32]

31 Eine Ausnahme stellt z. B. der innere Monolog Baldinis im 12. Kapitel dar (siehe Parfum S. 79–81).
32 Eckhard Franke, S. 4

2.3 Aufbau

Entwicklung der Hauptfigur und Spannungsbogen

Wie im Abschnitt über die Beziehung Grenouilles zu anderen Figuren bereits ausgeführt worden ist, sind diese Beziehungen durch bestimmte Strukturen gekennzeichnet (Ablehnung und Ausgrenzung Grenouilles, Projektion von Ängsten auf ihn). Doch nicht nur die Struktur der menschlichen Beziehungen ist durch bestimmte Merkmale gekennzeichnet. Es gibt Strukturmerkmale (Momente), die sich durch den Roman insgesamt ziehen. Es sind dies das Moment des Aufbruchs, das Moment des Paradoxen, das Moment des Zufalls und das Moment des Scheiterns und der Anonymität.

2.3.1 Das Moment des Aufbruchs

Prozess einer zweifachen Bewegung

Der Erzähler führt uns die Entwicklung seines Protagonisten in einem zweifachen Bewegungsprozess vor. Auf der Ebene der Reisebeschreibung folgen wir Grenouille auf seinem Weg durch Frankreich, der ihn nach knapp dreißig Jahren wieder an seinen Ausgangspunkt zurückbringt.Im Hinblick auf seine Persönlichkeitsentwicklung (Suche nach Ich-Identität) zeigt uns der Erzähler den inneren Bewegungsprozess Grenouilles, bei dem Ausgangs- und Endpunkt ebenfalls in eins fallen. Die Reise Grenouilles durch Frankreichs Regionen ist gleichzeitig immer auch eine Reise durch sein Inneres, sein Seelenleben. In beiden Prozessen gibt es Gelenkstellen, Stationen der Veränderung, gibt es das Moment des Aufbruchs.
Entwicklungen in der Biografie des „Helden" sind dabei verbunden mit Ortswechseln.

Innerer und äußerer Prozess

Nach dem ersten Mord macht Grenouilles Persönlichkeitsentwicklung einen Sprung. Er hat ein Ziel vor Augen (ein Schöpfer von Düften zu werden), einen Maßstab für die Beurteilung von Düften (den Duft des am 1. 9. 1753 in Paris getöteten Mädchens) und die Einsicht in die Notwendigkeit, sich die Handwerkstechniken der Parfumherstellung anzueignen. Mit seinem inneren Aufbruch geht ein Ortswechsel einher. Grenouille verlässt Grimal und arbeitet fortan bei Baldini.
Als Grenouille erkennt, dass er mit den bei Baldini erlernten Techniken der Destillation keine entscheidenden Fortschritte mehr machen kann, kommt er, nachdem er eine innere Krise durchlebt hat, zu der Erkenntnis, sich andere Techniken aneignen zu müssen. Er verlässt Baldini und bricht nach Süden auf.
Am Ende seiner monadischen Existenz im Plomb du Cantal, der nächsten Station seiner Reise, stehen Grenouilles Einsicht in den fehlenden Eigengeruch und der Wille, seine technischen Fähigkeiten zu vervollkommnen. Erneut zieht die innere Entwicklung, die Grenouille zu einer höheren Stufe der Selbsterkenntnis führt, einen Ortswechsel nach sich. Das Moment des Aufbruchs verschafft sich abermals Geltung.
Als sein „Prozess der Zivilisation" Fortschritte gemacht hat, verlässt Grenouille den Marquis de la Taillade-Espinasse. Der abermalige Ortswechsel führt Grenouille nach Grasse. Hier ist Grenouille am südlichsten Punkt seiner Reise und damit am weitesten von seinem Geburtsort entfernt. Für einen Moment ist er auch am Extrempunkt seiner inneren Reise (er ist Grenouille, der Gott). Doch gleichzeitig wird diese Station seines Lebens zum inneren und äußeren Wendepunkt.
Grenouilles letzter Aufbruch ist ein Aufbruch zum Ausgangspunkt seiner Reise und den Anfangspunkt seiner Entwick-

lung. So rasch Grenouille zum Ausgangspunkt der Reise, Paris, zurückkehrt, so schlagartig ist er wieder auf sich selbst zurückgeworfen.

2.3.2 Das Moment des Paradoxen

Es muss als paradox erscheinen, dass ausgerechnet der Sohn einer Fischhändlerin, deren Nase „gegen Gerüche im höchsten Maße abgestumpft" ist (Parfum, S. 7), und der noch dazu am „allerstinkendsten Ort" geboren wird, ein so hoch entwickeltes Geruchsorgan besitzt wie Grenouille. Doch ist dies nicht das einzige paradoxe Element, das der Roman bereithält. Paradoxerweise „gedeiht" Grenouille bei Madame Gaillard, einer Frau von absoluter Gefühlskälte. Durch eine normalerweise todbringende Krankheit, den Milzbrand, wird Grenouille für Grimal ein relativ wertvoller Geselle, so dass sich seine Lebensumstände leicht verbessern.

Eine Fülle von Paradoxien

Paradox ist es auch, dass sich Grenouille in einer Phase der absoluten Menschenferne, in der Einsamkeit der Höhle im Plomb du Cantal, am wohlsten fühlt und – äußerlich einem Tier immer ähnlicher – menschliche Gefühle und Regungen wie Liebe und Hass durchlebt. Und eine Paradoxie lässt sich auch darin sehen, dass Grenouille an diesem auf ein Minimum an Bewegungsfreiheit reduzierten Ort die Weite der Welt, sein Fantasiereich nämlich, in Besitz nehmen kann. An einem Ort absoluter Geruchlosigkeit erträumt sich Grenouille Millionen und Abermillionen von Gerüchen und Geruchskombinationen. Während draußen ein Krieg tobt, lebt Grenouille in absolutem Frieden.
Und ausgerechnet ein Adeliger, in der gesellschaftlichen Hierarchie weiter von Grenouille entfernt als alle anderen Men-

schen, denen er begegnet ist, nennt ihn zum ersten Mal „Monsieur" und - wenn auch „rein spirituell" - seinen „fluidalen Bruder".

Das Moment des Paradoxen begegnet uns aber auch in den Lebensphasen Grenouilles während seines Aufenthaltes in Grasse.

Der Vater des schönsten Mädchens spielt durch seine Versuche, seine Tochter zu retten, dem Mörder geradezu in die Hände. Und dieser Mann bittet ausgerechnet den Mörder seiner Tochter darum, ihn adoptieren zu dürfen. Paradox ist es auch, dass der Mörder der 25 Mädchen, für dessen Schuld es eindeutige Beweise gibt, schließlich freigesprochen wird, ein Unschuldiger aber (ohne stichhaltige Beweise) für schuldig erklärt wird. Während die geplante Hinrichtung des wirklichen Mörders in einem grand-guignolesken Massenspektakel endet, wird der Unschuldige anonym verscharrt. Können (wollen) sich die „Gesunden" schon bald nicht mehr an dieses Spektakel erinnern, sind es paradoxerweise die „Kranken", die nicht so schnell vergessen. Grenouille selbst erlebt im Moment seines großen Triumphes seine innere Katastrophe. Im Moment seiner größten Machtfülle über die Massen ist er der einsamste Mensch auf der Welt, inmitten der Zehntausenden ist er allein.

Und dass die Mörder und Tagediebe Grenouille „zum Fressen gern haben" und, indem sie ihn töten und kannibalisch verzehren, zum ersten Mal „etwas aus Liebe" tun - ist ebenfalls paradox.

2.3.3 Das Moment des Zufalls

Lauter Zufälle

Das Moment des Zufalls spielt schon bei Grenouilles Geburt eine Rolle. Zufällig ist es nämlich der heißeste Tag des Jahres, und Grenouilles Mutter fällt in eine Ohnmacht, so dass der Knabe auf sich aufmerksam machen kann. Zufällig hat Pater Terrier Kenntnis vom Heim der Madame Gaillard, obwohl dies weit außerhalb der Stadt liegt. Und zufällig ist seine Kirchengemeinde karitativ tätig, so dass Grenouilles Unterbringung bei Madame Gaillard finanziell abgesichert ist. Und zufällig hat diese Madame Gaillard ihren Geruchssinn verloren, so dass es ihr, im Gegensatz zu den Ammen vorher, nicht auffällt, dass der kleine Grenouille keinen Eigengeruch hat.[33]

Zufällig kennt Madame Gaillard den Gerber Grimal, der einen Gehilfen gebrauchen kann, als Madame Gaillard den ihr unheimlich gewordenen Grenouille loswerden will. Dass zufällig auch noch die Zahlungen für Grenouille ohne erkennbaren Grund ausbleiben, erleichtert Madame Grenouille den „Verkauf" ihres Zöglings. Und zufällig schickt Grimal seinen Gesellen Grenouille in dem Moment zu Baldini, als dieser entschlossen ist, seine Parfumeursexistenz aufzugeben.

Zufällig steigt Grenouille gerade in dem Moment in sein Bett, als der tote Grimal (zwanzig Meter unter ihm) vom Fluss unter der Pont au Change durchgetrieben wird.

Zufällig kommt es just in dem Moment zu einem Wettersturz, als der in seiner Höhle schon halberfrorene Grenouille sich entschlossen hat, sich „zu Tode zu schlafen" (Parfum, S. 169).

---

33 Der medizinische Fachbegriff für die Krankheit von Madame Gaillard lautet Anosmie. Oliver Sacks berichtet über den Fall eines Mannes, dessen olfaktorische Nervenstränge, die relativ ungeschützt in der vorderen Schädelgrube liegen, durch eine Kopfverletzung geschädigt wurden und der nichts mehr riechen konnte (vergl. O. Sacks, *Der Mann, der seine Frau mit einem Hut verwechselte,* Reinbek 1992, S. 214 f.). Madame Gaillard hat ihren Geruchssinn aufgrund eines Schlages „mit dem Feuerhaken über die Stirn" verloren (Parfum, S. 25).

Und zufällig stößt Grenouilles Schwindelgeschichte ausgerechnet beim Marquis de la Taillade-Espinasse auf Glauben, der in Grenouille den lange gesuchten Beweis für seine Theorie sieht.
Zufällig bekommt Grenouille noch an seinem ersten Tag in Grasse den Geruch von Laure Richis in die Nase, die zufällig im Garten spielt. Und zufällig benötigt Frau Arnulfi einen weiteren Gesellen, so dass Grenouille ohne Schwierigkeiten eine Anstellung bekommt. Madame Arnulfis Kabane, die sie Grenouille als Wohnquartier zuweist, liegt wie zufällig recht abgeschieden und ist damit für Grenouilles Experimente bestens geeignet.
Dass – dem Zufall sei Dank! – neben der Tennenluke zu Laure Richis' Zimmer, in dem Laure alleine schläft, eine Leiter steht, das Fenster nicht verschlossen und der Himmel bedeckt ist und die Hunde schlafen, als Grenouille Laure Richis' Duft „erntet", soll ebenfalls erwähnt sein.
Dass Grenouille am heißesten Tag des Jahres in Paris ankommt, schließt den Kreis der Zufälle.
Das Leben, so legt es die Häufung von Zufällen nahe, ist nicht planbar. Vielmehr scheint es so, als ob der Zufall seine Wirkung besonders dann entfaltet, wenn die Menschen ihr Leben planen.[34]

34 Über das Wirken des Zufalls hat Dürrenmatt sich in seinen Anmerkungen zum Stück *Die Physiker* geäußert. Es heißt dort u. a.: „4. Die schlimmstmögliche Wendung ist nicht voraussehbar. Sie tritt durch Zufall ein. 5. Die Kunst des Dramatikers besteht darin, in einer Handlung den Zufall möglichst wirksam einzusetzen." (F. Dürrenmatt, 21 Punkte zu den Physikern. In: Dürrenmatt, *Die Physiker*, Zürich 1962, S. 77 f.)

2.3.4 Das Moment des Scheiterns und der Anonymität

Das Scheitern von Plänen

Grenouille steckt sich ein Ziel: die Schaffung des absoluten Parfums. Im Gegensatz zu anderen Figuren des Romans erreicht Grenouille sein Ziel. Ihm gelingt es, seine essence absolue zu kreieren.

Im Verlaufe seines Lebens begegnet Grenouille Menschen, die sich ebenfalls Ziele gesteckt haben, sie aber - seltsamerweise nach dem Kontakt mit Grenouille - nicht mehr erreichen. In den Schicksalen dieser Figuren verkörpert sich das Moment des Scheiterns und der Anonymität.

Grenouilles Mutter hat Zukunftspläne. Sie will einen ehrbaren Handwerker heiraten und vielleicht sogar Kinder bekommen. Doch sie wird geköpft und versinkt in der Anonymität anderer hingerichteter Straftäter. Noch nicht einmal über ihre Grabstätte erfahren wir etwas.

Madame Gaillard plant ihre Zukunft sehr sorgfältig - vor allem trifft sie Vorsorge für ihren Tod. Sie will nicht, wie einst ihr Mann, mitten zwischen anderen Sterbenden liegen und in den Tod dämmern. Madame Gaillard wünscht sich einen „privaten Tod".

Doch - ein weiteres Paradox! - sie lebt zu lange, wird zu alt. Als Folge der Revolution verliert ihr Erspartes seinen Wert, und sie erleidet genau das Schicksal, das sie zu vermeiden hoffte. In einem Massengrab, in einen Sack genäht, also gesichtslos, findet sie unter einer dicken Schicht Kalk ihr anonymes Ende.

Den Gerber Grimal trifft das Moment des Scheiterns und der Anonymität, als er glaubt, ein besonders gutes Geschäft gemacht zu haben, denn die zwanzig Livre, die ihm Baldini für Grenouille zahlt, sind eine großer Betrag. Doch noch am Tag des „besten Geschäfts seines Lebens" (Parfum, S. 113) stürzt er in die Seine und wird vom Fluss fortgetragen, ohne Spuren zu hinterlassen.

Sterben in Anonymität

Baldini hat große Pläne. Er will Grenouilles Genialität auch nach dessen Aufbruch ausnutzen. Er notiert sich, um ganz sicher zu gehen, die Formeln für die Parfums, Cremes und Tinkturen, die seinen Reichtum mehren sollen, gleich in zwei Büchern, von denen er eins ständig bei sich trägt und nachts unter seinem Kopfkissen verwahrt. Der Siebzigjährige, zum größten Parfumeur Europas und zu einem der reichsten Bürger von Paris aufgestiegen, wird, wie schon vor ihm Grimal, nach dem unerklärlichen Zusammenbruch der Pont au Change, von der Seine ins Meer getrieben. Von ihm bleibt nichts als ein Gemisch von Düften, das noch einige Wochen über der Seine schwebt.
Das Schicksal des anonymen Todes teilt Baldini mit dem Marquis de la Taillade-Espinasse. Auch diesen trifft der Tod, als er den Gipfel der Berühmtheit erlangt und nachdem Grenouille ihn verlassen hat. Der Marquis löst sich in Luft auf, verschwindet am Gipfel des Pic du Canigou – „kein Kleidungsstück, kein Körperteil, kein Knöchelchen" (Parfum, S. 207) wird gefunden und erinnert an den großen Gelehrten.
Druot hat weitaus bescheidenere Pläne als Baldini und der Marquis. Er ist ganz zufrieden damit, dass sich sein Leben zwischen den Grasser Kneipen und dem Bett von Madame Arnulfi abspielt, während Grenouille den Geschäftsbetrieb in Schwung hält. Mit dem Meisterbrief und mit der Verheiratung mit Madame Arnulfi ist seine bürgerliche Existenz, so glaubt er, für die Zukunft gesichert. Nach dem Weggang Grenouilles wird Druot als Mörder verurteilt und nach einer rasch vollzogenen Hinrichtung beigesetzt. Ohne Anteilnahme seiner Gattin, nur im Beisein einiger Offizieller, wird Druot beerdigt. Nichts erinnert mehr an ihn.

Grenouilles Scheitern

Und Grenouille selbst? Er erreicht sein Ziel. Doch führt ihn die Erreichung des Ziels in die persönliche Katastrophe. Weil er dies erkennt, sucht er, im Gegensatz zu allen anderen, deshalb seinen Tod bewusst – doch auch er verflüchtigt sich, löst sich auf, verschwindet, ohne eine Spur zu hinterlassen.

* * *

Die Menschen, so legt es das Schicksal der Romanfiguren nahe, sind zum Scheitern verurteilt. Ihre wohlfeilen Pläne werden durchkreuzt, von Zufällen regiert, ihr Leben ist von Paradoxien bestimmt. Ihre Zukunft heißt Anonymität. Der „anything-goes-Mentalität" wird eine Absage erteilt, die Autonomie des Subjekts erweist sich als Illusion.
In einem stillen Moment der Erkenntnis hat (der bereits resignierte) Baldini diese Einsicht (oder eine dumpfe Vorahnung davon) in den Lauf der Welt, den Gang der Dinge: blickt er aus dem Fenster seines Hauses, hat er den „wegströmenden Fluss vor Augen" (Parfum, S. 77). Und dies ist ihm ein Sinnbild für das „Wegströmen" aller Hoffnungen, allen Reichtums, der Zukunft überhaupt. Heraklits „alles fließt" findet hier seinen bildhaften Ausdruck: alles ist in Bewegung – aber es ist eine Bewegung von den Menschen weg.

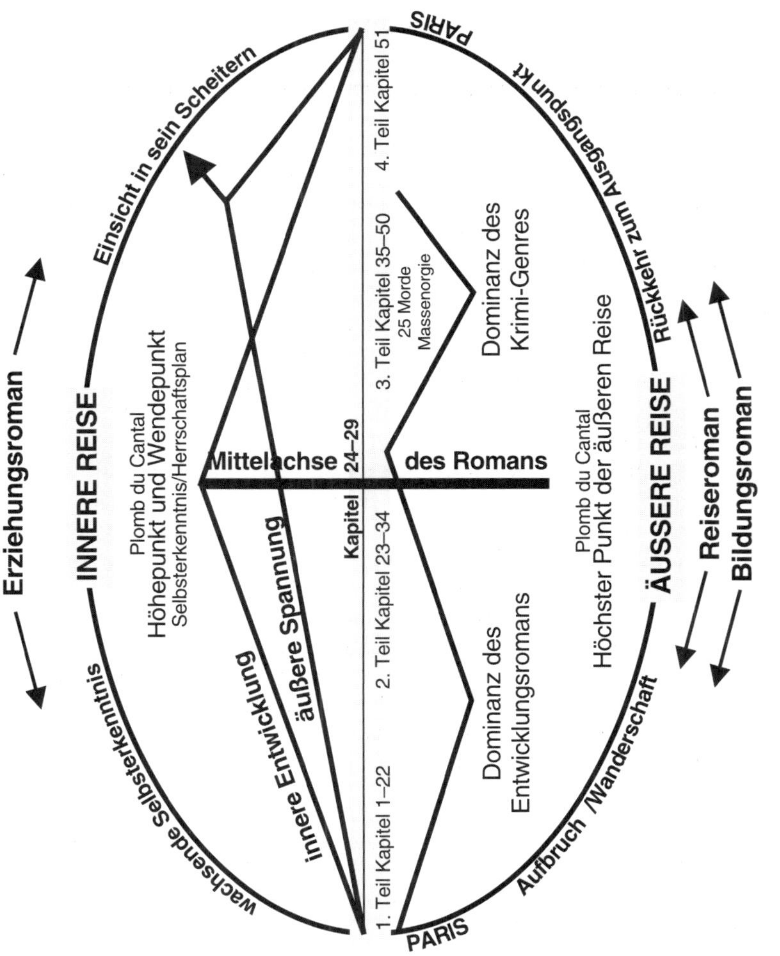

Erziehungsroman
INNERE REISE
Einsicht in sein Scheitern
wachsende Selbsterkenntnis
Plomb du Cantal
Höhepunkt und Wendepunkt
Selbsterkenntnis/Herrschaftsplan
innere Entwicklung
äußere Spannung
Mittelachse
Kapitel 24–29
des Romans
1. Teil Kapitel 1–22
2. Teil Kapitel 23–34
3. Teil Kapitel 35–50
25 Morde
Massenorgie
4. Teil Kapitel 51
PARIS
PARIS
Dominanz des Entwicklungsromans
Dominanz des Krimi-Genres
Plomb du Cantal
Höchster Punkt der äußeren Reise
ÄUSSERE REISE
Aufbruch /Wanderschaft
Rückkehr zum Ausgangspunkt
Reiseroman
Bildungsroman

2.4 Personenkonstellation und Charakteristiken

2.4.1 Grenouille: Die Entwicklungsphasen der Hauptfigur

Wir haben bereits darauf hingewiesen, dass es sich bei Süskinds *Geschichte eines Mörders* (auch) um einen Entwicklungsroman handelt, der den inneren und äußeren Werdegang des Protagonisten schildert. In der Tat steht Jean-Baptiste Grenouille in fast allen Kapiteln des Romans im Mittelpunkt.[35]

Grenouille – die Mittelpunktfigur des Romans

Er ist die zentrale Figur, er hat auf Grund seiner Genialität keinen wirklichen Gegenspieler. Er ist das Zentrum der Geschichte, um das alle anderen Figuren gruppiert sind. Seine Entwicklung zum Geruchsgenie und Mörder interessiert den Erzähler.

Grenouilles geniale Fähigkeiten und Eigenschaften sind von seiner Geburt an vorhanden. Schon das Kleinkind erweckt durch sein abstoßendes Äußeres und seine gespenstischen, den Menschen teuflisch erscheinenden Verhaltensweisen und Anlagen Ablehnung und Furcht. Rasch wechseln die Bezugspersonen: Seine Mutter, drei namentlich nicht genannte Ammen, schließlich die Amme Jeanne Bussie, bei der Grenouille aber auch nur ein paar Wochen lebt, bevor sie ihn zu Pater Terrier abschiebt, der Grenouille im Kinderheim der Madame Gaillard unterbringt. Diese verkauft ihn, als er acht Jahre alt ist, für 15 Franc an den Gerber Grimal, bei dem Grenouille

---

35 Zu den Ausnahmen gehören die Kapitel 9–13, in denen Baldini und seine Lebenswelt eingeführt werden. Ein Entwicklungsroman ist, nach Gero von Wilpert, ein „Roman, der in sehr bewusster und sinnvoller Komposition den inneren und äußeren Werdegang e. Menschen von den Anfängen bis zu e. gewissen Reifung der Persönlichkeit mit psychologischer Folgerichtigkeit verfolgt und die Ausbildung vorhandener Anlagen in der dauernden Auseinandersetzung mit den Umwelteinflüssen in breitem kulturellem Rahmen darstellt." (Gero von Wilpert, *Sachwörterbuch der Literatur*, Stuttgart 1969, S. 211)

vier Jahre verbringt, bis er als Lehrling zum Parfumeur Baldini wechselt. Erst mit dem Wechsel zu Baldini beginnt eigentlich Grenouilles „menschliches" Leben und damit die Entwicklung seiner Fähigkeiten bis zur Perfektion. Bis dahin dämmert er als Animal, als „Zeck", dahin, ohne Ziel, ohne Regungen, rein „vegetativ" (Parfum, S. 29) und nur „aus reinem Trotz und aus reiner Boshaftigkeit"(Parfum, S. 28) existierend.
Am Beginn der „Menschwerdung" Grenouilles steht dabei, so paradox es klingen mag, eine unmenschliche Tat – Grenouilles erster Mord.

Der erste Mord

Die Bedeutung des 1. Mordes

Mit Paris steht dem jungen Grenouille das „größte Geruchsrevier der Welt" (Parfum, S. 43) offen. Und dieses „Schlaraffenland" (Parfum, S. 43) erobert sich der Zwölfjährige auf seinen Streifzügen durch die Metropole,[36] die er in seinen wenigen freien Stunden unternimmt, die ihm der Gerber Grimal gewährt.[37]
Tiergleich durchriecht Grenouille die Stadt, „wie ein Raubfisch" (Parfum, S. 44) geht er auf die Jagd, mit „geblähten Nüstern" (ebd.) saugt er Gerüche in sich hinein, und wenn er einen neuen Geruch entdeckt hat, dann „stieß er zu" (Parfum, S. 44), zerlegt die Gerüche in ihre Komponenten und speichert sie in seinem Gedächtnis.
Grenouille eignet sich die Gerüche der Welt in dieser Phase seines Lebens ungeordnet und undifferenziert an. „Wählerisch ging er nicht vor. (...) Das Ziel seiner Jagden bestand darin,

36 Dieses „Schlaraffenland" war, folgt man zeitgenössischen Quellen, im 18. Jahrhundert nicht nur „Zentrum der Wissenschaften, der Künste, der Mode und des guten Geschmacks", sondern auch das „Zentrum des Gestanks". (Pierre Chauvet, *Essai sur la proprete de Paris,* Paris 1797, S. 17, zitiert nach Alain Corbin, Pesthauch und Blütenduft/Eine Geschichte des Geruchs, Berlin 1984, S. 42)
37 Parfum, S. 43 f.

schlichtweg alles zu besitzen, was die Welt an Gerüchen zu bieten hatte, und die einzige Bedingung war, daß die Gerüche neu seien. (...) Und auch in der synthetisierenden Geruchsküche seiner Phantasie (...) herrschte noch kein ästhetisches Prinzip." (Parfum, S. 48)
Einen qualitativen Maßstab für die Bewertung und Kombination von Gerüchen hat Grenouille noch nicht, ihm gilt die Quantität als Maßstab seiner Sammelleidenschaft. Dementsprechend sind die Duftschöpfungen, die er in seiner Fantasie kreiert, lediglich „Bizarrerien (...) ohne erkennbares schöpferisches Prinzip." (Parfum, S. 48 f.)

Das Prinzip des Duftes

Dieses „Prinzip" erhält Grenouille am 1. September 1753, dem Jahrestag der Thronbesteigung des Königs. Das anlässlich dieses Feiertages inszenierte Feuerwerk langweilt Grenouille, da es „geruchlich nichts zu bieten" hat (Parfum, S. 50). Als er bereits auf dem Heimweg ist, wird ihm ein Duft zugeweht, „ein Duftatom, nein noch weniger: eher die Ahnung eines Duftes" (Parfum, S. 50). Instinktiv begreift Grenouille, dass dieser Duft „der Schlüssel zur Ordnung aller anderen Düfte" ist (ebd.). Und Grenouille, sonst durchweg gefühlskalt, stellt an sich ungewohnte emotionale Regungen fest.
Sein Herz leidet unter der Furcht, diesen Geruch verlieren zu können, ihn überfällt eine „gräßliche Angst", ihm wird „schlecht vor Aufregung". Ohne diesen Geruch wird er die „Ruhe seines Herzens" verlieren (Parfum, S. 51).
Die Quelle des Geruchs, der Grenouille „gefangengenommen hatte und nun unwiderstehlich zu sich zog" (Parfum, S. 52), ist ein junges Mädchen, das in einem Hinterhof bei Kerzenschein Mirabellen entkernt. Für Grenouille steht fest, dass er diesen

Geruch besitzen muss, weil sonst sein Leben „keinen Sinn mehr" hat (Parfum, S. 55).[38]
Grenouille erwürgt das Mädchen und saugt seinen Geruch in sich hinein, bis er es „welkgerochen" hat und „übervoll von ihr" ist (Parfum, S. 56).
Mit dem Geruch des Mädchens in seinem Duftarsenal ändert sich Grenouilles Leben schlagartig. Ihm ist, als würde er neu geboren.

Grenouilles Ziel

Er erkennt seine bisherige animalische Existenz und weiß, was seine wirkliche Bestimmung ist, nämlich „die Welt der Düfte zu revolutionieren."(Parfum, S. 57) Grenouille sieht sich nun als „Genie" (ebd.) und als zukünftiger Schöpfer überragender Düfte.[39]
Seine „exquisite Nase, sein phänomenales Gedächtnis" und – als Wichtigstes – der „prägende Duft" des Mädchens (vergl. S. 57) bieten Grenouille dabei die Voraussetzungen dafür, nicht irgendein „Schöpfer" von Düften zu sein, sondern „der größte Parfumeur aller Zeiten."(Parfum, S. 58).[40]

---

38 Nicht zufällig ist Grenouilles erstes Opfer „dreizehn, vierzehn Jahre alt" und rothaarig (Parfum, S. 53 u. 55).
Corbin weist darauf hin, dass den rothaarigen Frauen im 18. und beginnenden 19. Jahrhundert besondere Geruchseigenschaften zugesprochen werden, da ein Zusammenhang zwischen der Farbe der Haare und der Menstruation vermutet wird, und dass mit der Pubertät eine erhöhte Verführungskraft einhergehen soll (vergl. Corbin, S. 65 und 67).
Bei Gestaltung der Frauenfiguren setzt u. a. die Kritik von Beatrice von Matt an Süskinds Roman an. „Kein Schicksal haben die Frauen. Falls sie erotisch in Betracht fallen, kommen sie alle um. (...) Ältere Frauen werden nicht vom Protagonisten, wohl aber vom Autor (...) auffällig rasch aus dem Weg geschafft." (Beatrice von Matt)

39 „Was Glück sei, hatte er in seinem Leben bisher nicht erfahren. Er kannte allenfalls sehr seltene Zustände von dumpfer Zufriedenheit. Jetzt aber zitterte er vor Glück und konnte vor lauter Glückseligkeit nicht schlafen." (Parfum, S. 57)

40 Wolfram Schütte sieht in Grenouilles Wunsch, der „größte Parfumeur aller Zeiten" zu werden, ein parodistisches Spiel des Autors, wenn er auf die Parallele mit einem Mann verweist (gemeint ist A. Hitler, B. M.), der „beschloss Politiker zu werden, sich an seinem Ende für den GröFaZ (Größter Feldherr aller Zeiten, B. M.) hielt." (Wolfram Schütte, *Parabel und Gedankenspiel/ Patrick Süskinds erster Roman ‚Das Parfum'.* In: Frankfurter Rundschau Nr. 81 v. 5. 4. 1985, ZB S. 4)

Noch in der Mordnacht beginnt Grenouille damit, seine „Millionen und Abermillionen von Duftbauklötzen" in eine „systematische Ordnung" zu bringen (Parfum, S. 58). Hat er bisher planlos und ziellos Düfte gejagt, so errichtet er jetzt „die ersten planvollen Geruchsgebäude" und eine „täglich sich erweiternde, täglich sich verschönende und perfekter gefügte innere Festung der herrlichsten Duftkompositionen." (ebd.) Quantität, die Menge der zu sammelnden Düfte, wird jetzt durch Qualität ersetzt, denn mit dem Duft des Mädchens hat er sich „... das Beste von ihr aufbewahrt und sich zu eigen gemacht: das Prinzip ihres Duftes." (ebd.)

***

Der erste Mord ist in doppelter Hinsicht ein „Schlüsselerlebnis" für den Protagonisten. Grenouille erhält durch den Duft des Mädchens einen Schlüssel zur Ordnung aller Düfte; er wird vom planlosen Sammler von Düften jeglicher Art zum zielstrebigen Erbauer von Duftkompositionen. Er bringt die von ihm gesammelten Düfte in eine hierarchische Ordnung, wobei ihm der Duft des Mädchens als Kompass dient, an dem sich die Bewertung aller Düfte ausrichtet.
Gleichzeitig bekommt sein Leben durch den Duft des Mädchens einen Sinn, denn Grenouille hat nun ein Ziel vor Augen, für das es sich zu leben lohnt. Er erkennt seine Bestimmung, wird aus seiner bisherigen Gleichgültigkeit gerissen und gibt seine animalische Existenzweise auf. Dass am Beginn dieser Entwicklung ein Mord steht, ist Grenouille dabei völlig gleichgültig. (vergl. Parfum, S. 58). Er weiß nun um seine Fähigkeiten und Möglichkeiten und will diese planvoll einsetzen.
Dazu reicht aber seine Genialität alleine nicht aus; er bedarf auch handwerklicher Fähigkeiten, um sein Ziel, größter Parfumeur aller Zeiten zu werden, zu erreichen.

Deshalb muss für Grenouille ein neuer Lebensabschnitt beginnen.
Grenouille verlässt den Gerber Grimal und beginnt eine Lehre als Parfumeur.[41]

Lehrlings- und Gesellenzeit

Hat der alte Hexenmeister
Sich doch einmal wegbegeben!
Und nun sollen seine Geister
Auch nach meinem Willen leben.
Seine Wort' und Werke
Merkt ich und den Brauch,
Und mit Geistesstärke
Tu ich Wunder auch.

(Goethe, Der Zauberlehrling)[42]

Grenouille betritt, vom Gerber Grimal mit einem Auftrag kommend, just in dem Moment das auf der Pont au Change gelegene Haus des Parfumeurs Baldini, als dieser vergeblich versucht, die Formel des Parfums „Amor und Psyche" seines Konkurrenten Pelissier zu entschlüsseln, um das Parfum kopieren zu können.[43]

41 Die besondere Bedeutung des Mordes für die weitere Entwicklung Grenouilles wird u. a. dadurch unterstrichen, dass Grenouille sich zum ersten Mal in seinem Leben nicht allein auf seine Nase verlässt, als er dem Mädchen begegnet. („zum ersten Mal in seinem Leben seiner Nase nicht traute und die Augen zuhilfe nehmen mußte, um zu glauben, was er roch." Parfum, S. 54)

42 zitiert nach Angelika Kriege, *Balladen – hören, spielen, verstehen,* Stuttgart 1990, S. 6

43 „Als Katharina von Medici nach Frankreich kam, um Heinrich II. zu heiraten, brachte sie einen Florentiner namens Réné mit, der großes Geschick in der Zubereitung von Düften und Kosmetika besaß. Sein Laden auf der Pont au Change wurde zum Treffpunkt der Beaux und Belles der Epoche." (E. Grimmel, S. 236)

Baldinis ökonomische Situation und gesellschaftliche Stellung sind an einem Tiefpunkt angelangt. Konkurrenten wie Pelissier haben Baldini ins Abseits gedrängt. Und so entschließt er sich nach dem gescheiterten Kopierversuch, sein Geschäft aufzugeben und Paris zu verlassen, um seinen Lebensabend in Messina zu verbringen.
Aus einer Laune heraus geht Baldini auf das Angebot des seltsamen Jungen ein, Pelissiers Parfum herzustellen.
Während Baldini sich noch seinen Gedanken hingibt, fertigt Grenouille bereits das Parfum an, das Baldini vergeblich zu kopieren trachtete, und dies ganz gegen die Regeln der Handwerkskunst, scheinbar ohne Ordnung und ohne die Kenntnis der Formel, der Grundlage zur Herstellung eines Parfums.

Der Lehrling als Hexenmeister

Nur noch stammeln kann Baldini, als Grenouille ihm tatsächlich das Parfum „Amor und Psyche" zusammenmixt. Aber erst recht sprachlos ist er, als der Junge mit dem Kommentar „Es ist kein gutes Parfum" (Parfum, S. 109) das Erfolgsprodukt Pelissiers abwertet und binnen einer Minute sein Versprechen einlöst, ein besseres Parfum herzustellen, indem er – wieder scheinbar wahllos – die ihm zur Verfügung stehenden Komponenten aus Baldinis Werkstatt mischt und einen Duft komponiert, der „himmlisch gut" ist und „im Vergleich zu ‚Amor und Psyche' wie eine Sinfonie im Vergleich zum einsamen Gekratze einer Geige" wirkt (Parfum, S. 111).

Goethes Ballade vom „Zauberlehrling" wird hier parodistisch auf den Kopf gestellt. Der Meister, Baldini, dessen Scheitern der Tat des Lehrlings vorausgeht, ist der naive Dilettant, der die Fähigkeiten des Lehrlings nicht erkennt und nicht versteht und der von der Materie beherrscht wird. Der (zukünftige) Lehrling offenbart seine Genialität und Meisterschaft; die Materie ist ihm untertan. Karl-Heinz Götze ist wohl zuzustimmen, wenn er über diese erste Begegnung zwischen Grenouille und Baldini schreibt: „Zu den beeindruckendsten Passagen des Buches gehört jene Teufelsmesse, während derer Grenouille dem Parfumeur Baldini die erste, ganz unerhörte Probe seines absoluten Geruchssinns gibt, indem er gegen alle Regeln der Zunft aus den umstehenden Duftessenzen ein perfektes Parfum mischt."[44]

Baldini stellt Grenouille als Lehrling ein.[45]

Mit dem „Zauberlehrling", der, das wird Baldini rasch klar, „hätte alle Parfumeure Frankreichs mit Rezepten versorgen können, ohne sich zu wiederholen" (Parfum, S. 117), beginnt der (Wieder-)Aufstieg des Hauses Baldini, bei dem die Reichen der Stadt sich die Türklinke in die Hand geben, um die neusten Duftschöpfungen zu erwerben, denn alles, was Grenouille komponiert, wird zum Publikumserfolg und zum Verkaufsschlager.

Mit der Zeit geht Baldini dazu über, die von Grenouille bei seinen Kompositionen verwendeten Bestandteile der Parfüms, Cremes und Duftwässerchen zu notieren und sie in Formeln zu fassen, um sie später einmal, unabhängig von dem „Hexenmeister" (Parfum, S. 118), reproduzieren zu können.

Grenouille beherrscht rasch alle handwerklichen Techniken. Er wird ein „Spezialist auf dem Gebiet des Destillierens" (Parfum, S. 128) und beginnt, während er tagsüber für Baldini arbeitet, in den Nächten mit Versuchen, den Dingen, die ihn umgeben, vermittels der Destillation ihren Geruch zu entreißen, sich ihrer „dinglich zu bemächtigen" (Parfum, S. 122).

---

44 Karl-Heinz Götze, *Mörderischer Wohlgeruch/Patrick Süskinds Roman ‚Das Parfum'*. In: Deutsche Volkszeitung/die tat Nr. 35 v. 30. 8. 1985, S. 2

45 Baldini sagt zum Abschied zwar, er wisse noch nicht, ob er Grenouille einstellen wolle, doch dieser ist sich seiner Sache bereits sicher. Als Baldini am nächsten Tag erscheint, um Grenouille abzuholen, wartet dieser „sonderbarerweise schon mit gepacktem Bündel" (Parfum, S. 113).

Seine Versuche (müssen jedoch) scheitern.[46] Nach einer Kette von Fehlschlägen gerät er in eine Krise und wird „lebensbedrohlich krank." (Parfum, S. 130)
Baldini, der plant, seine Geschäfte über die Landesgrenzen hinaus auszudehnen, und der sich nicht unberechtigte Hoffnungen macht, „königliches Privileg" zu erhalten (vergl. Parfum, S. 131), sieht seine kühnen Ideen gefährdet. Nur deshalb, nicht aus Menschenliebe oder Mitleid, lässt er einen Arzt kommen, überlegt auch, für Grenouille die Hilfe Gottes herbeizuflehen, als der Arzt die Diagnose „syphilitisch(e) Blattern" und „eitrig(e) Masern in stadio ultimo" (vergl. Parfum, S. 134) stellt und für die nächsten 48 Stunden den Tod Grenouilles avisiert. Baldini überwindet schließlich sogar seinen Ekel vor dem aus allen Poren eiternden Grenouille und pflegt ihn von eigener Hand – wobei er allerdings Papier und Schreibgerät in der Hoffnung bereit hat, Grenouille die letzten Geheimnisse entlocken und sie festhalten zu können.

Grenouille fasst neue Ziele ins Auge

Als Baldini, bereits aller Hoffnungen beraubt und völlig ermattet, in den Sessel neben Grenouilles Bett sinkt, fragt der scheinbar Todgeweihte plötzlich nach weiteren Methoden der Duftgewinnung und dem Ort, an dem diese Methoden praktiziert werden.
Nachdem Baldini Grenouille mitgeteilt hat, dass in Grasse, im Süden Frankreichs, die Techniken der enfleurage zur Meisterschaft entwickelt worden sind, schläft Grenouille ein. Und binnen einer Woche ist er wieder gesund.
Baldinis weiterem Aufstieg steht nun nichts mehr im Wege. Grenouille wiederum bekommt von Baldini das Versprechen,

---

46 Der auktoriale Erzähler spielt mit der Eitelkeit seiner Leser, wenn er sich mit dem Kommentar einschaltet: „Bei Substanzen, denen dieses ätherische Öl abging, war das Verfahren der Destillation natürlich völlig sinnlos. Uns heutigen Menschen, die wir physikalisch ausgebildet sind, leuchtet das sofort ein." (Parfum, S. 129)

ihm zum Gesellenbrief zu verhelfen. Im Frühjahr 1756, drei lange Jahre des Lernens und des Arbeitens für Baldini liegen hinter Grenouille, löst der Parfumeur sein Versprechen ein und spricht seinen Gesellen frei.
Grenouille hat ein neues Ziel vor Augen: Er will sich in Grasse die Techniken der enfleurage aneignen, um seine handwerklichen Fähigkeiten zu vervollkommnen. Im Mai 1756 bricht Grenouille nach Süden auf.

***

Grenouille zieht Nutzen aus Baldini

Mit Grenouille und Baldini treffen ein Genie und ein konventioneller Geist aufeinander. Während Baldini die Fähigkeiten des Genies ökonomisch verwertet, macht Grenouilles Prozess der Zivilisation vom Animal zum Menschen weitere Fortschritte.
Von dem materiellen Gewinn, den Baldini mit seinen Kompositionen erzielt, profitiert Grenouille nicht. Dieser Gewinn interessiert ihn auch überhaupt nicht. Er will vielmehr seine Genialität durch die Regeln der Handwerkskunst ergänzen. Grenouille erlernt „(...) mit der obligatorischen Verwendung von Meßbecher und Waage die Sprache der Parfumerie", und er spürt „instinktiv, daß ihm die Kenntnis dieser Sprache von Nutzen sein konnte." (Parfum, S. 119) Nur deshalb unterzieht er sich der für ihn eigentlich überflüssigen Prozedur des Erlernens der Fachsprache der Parfumeure, des Niederschreibens von Formeln. Grenouille ist sich im Klaren darüber, dass es zur Erreichung seines Ziels, der Schöpfer eines absoluten Duftes zu werden, zweier Voraussetzungen bedarf: „Die eine war der Mantel einer bürgerlichen Existenz; mindestens des Gesellentums, in dessen Schutz er seinen eigentlichen Leiden-

schaften frönen und seine eigentlichen Ziele ungestört verfolgen konnte. Die andre war die Kenntnis jener handwerklichen Verfahren, nach denen man Duftstoffe herstellte, isolierte, konzentrierte, konservierte und somit für eine höhere Verwendung überhaupt erst verfügbar machte." (Parfum, S. 121)
Insofern profitiert auch Grenouille von Baldini. Erst als Grenouille an die Grenzen des von Baldini zu erwerbenden handwerklichen Könnens gelangt, muss er sich wieder auf die Reise machen.[47]

Der Einsiedler

Ich kenne nichts Ärmer's
Unter der Sonn' als euch Götter.

(Goethe, Prometheus)[48]

Grenouille stellt auf dem Weg nach Orleans, dem ersten Etappenziel seiner Wanderschaft nach Grasse, fest, dass er die sich ausdünnende Luft als angenehm empfindet. Je mehr er die Gerüche Paris' aus der Nase verliert, desto wohler fühlt sich Grenouille. Am „befreiendsten" empfindet er dabei „die Entfernung von den Menschen." (Parfum, S. 148). Als er sich

47 Niels Höpfner schreibt über Grenouilles Zeit bei Baldini: „Grenouille bringt die heruntergekommene Parfumerie zu neuem Glanz und verhilft Baldini zu erheblichem Wohlstand, für einen Hungerlohn. En passant führt Süskind die kapitalistische Ausbeutung eines Genies vor, benennt sie aber leider niemals explizit." (Niels Höpfner, *Grenouille – das Nasenmonster. Irdische, himmlische und höllische Düfte.* In: Die Presse Nr. 11120 v. 6./7. 8. 1985, S. 7) Höpfner übersieht bei dieser Kritik, dass auch Grenouille von Baldini profitiert. Und wenn es im Roman heißt, dass Grenouille seine Säfte in sich zurückzieht, als Baldini seine Fragen beantwortet hat, dann deutet das darauf hin, dass die Krankheit auch Teil eines Hexenmeisterspiels ist, das Grenouille mit Baldini treibt (vergl. Parfum, S. 137).

48 Johann Wolfgang von Goethe, *Prometheus* (zitiert nach *Spiegel der Seele/Zweihundert Jahre deutscher Dichtung*. Hrsg. Franz Fassbinder, Münster 1960, S. 29)

Orleans nähert und wieder Menschengeruch wittert, will er die „frischgewonnene Atemfreiheit nicht schon so bald wieder vom stickigen Menschenklima verderben lassen" (Parfum, S. 149). Er umgeht die Stadt und wendet sich landeinwärts. So zieht er, immer der Nase nach und „ganz von alleine und ohne besonderen Entschluss" (Parfum, S. 150), in entlegenere Gegenden des Landes, bis er schließlich, in einer Augustnacht des Jahres 1756, den Gipfel des zweitausend Meter hohen Vulkans Plomb du Cantal im Zentralmassiv der Auvergne erreicht. Grenouille ist am „menschenfernste(n) Punkt des ganzen Königreichs". (Parfum, S. 152)[49]

Diese Menschenferne ruft in Grenouille ein Glücksgefühl wach, wie er es bisher nur in der Nacht des ersten Mordes empfunden hat.

Und – eine weitere Parallele zur Begegnung mit dem Mädchen – wieder traut er zunächst seiner Nase nicht, sondern nimmt seine Augen zu Hilfe, um den Horizont nach Menschen abzusuchen. Als er feststellt, dass er tatsächlich vollständig allein ist, gerät er in euphorische Stimmung, und sein Glücksgefühl bricht sich in einer ekstatischen körperlichen Selbstentäußerung Bahn (vergl. Parfum, S. 154 f.).

Grenouille entdeckt am Ende eines Stollens, der in den Berg führt, in 50 Metern Tiefe eine Höhle, in der er sich einrichtet. Hier, fernab der Welt, „wie in seinem eigenen Grab" (Parfum, S. 156) liegend, fühlt er sich sicher wie nie, so dass er vor Glück weint.[50]

---

49 Der Gegensatz zwischen dem Plomb du Cantal und dem Geburtsort Grenouilles wird durch die Verwendung der Superlative „allerstinkenster Ort" (S. 7) und „menschenfernster Ort" (s. o.) verdeutlicht.

50 Der Vergleich der Höhle mit dem Mutterleib wird nicht nur explizit vorgenommen, wenn der Erzähler darauf hinweist, dass sich Grenouille noch nie so sicher gefühlt habe wie an diesem Ort – „schon gar nicht im Bauch seiner Mutter" (Parfum, S. 156) –, sondern auch indirekt. Grenouille kann in der Höhle nur gekrümmt liegen, also in Embryonalstellung. Die Gefühle, die er im Mutterleib vermissen musste, kann er nun erleben. Tief in der Erde, in völliger Dunkelheit, absoluter Stille und salzig-feuchter Kühle, fühlt sich Grenouille „himmlisch wohl".

Grenouilles Fantasiewelten und Allmachtsträume

Er verlässt die Höhle nur, um seine Notdurft zu verrichten und sich mit Nahrung (Echsen, Schlangen)[51] zu versorgen. Er führt das Leben eines Einsiedlers, doch hat er letztlich nichts mit Einsiedlern gemein. Streben diese nach Buße und wollen Gott näher sein, so hat Grenouille „mit Gott nicht das geringste im Sinn" (Parfum, S. 158), denn er genügt sich selbst. Er gibt sich seinem „innere(n) Imperium" (ebd.) hin, der Welt seiner gespeicherten Gerüche. Und in diesem „Universum" (Parfum, S. 160) wird er auf seinen durch Autosuggestion und die Kraft seines Gedächtnisses beflügelten Fantasiereisen zum Weltenherrscher und vollbringt prometheische Taten. Er wird der Große Grenouille. (S. 159 ff.) Er wird zum Schöpfer und Zerstörer von Welten.[52] Er gießt Gnade und Hass über seine Fantasiewelten aus und durchlebt Gefühle und Gefühlsregungen, die ihm in seinem bisherigen Menschenleben fremd waren.

Sieben Jahre lang genießt Grenouille die zahllosen Vorstellungen seines „Seelentheaters" (Parfum, S. 168).[53] Nichts, was in der äußeren Welt passiert, nicht einmal der Krieg, der drau-

---

51 Grenouille leckt Wasser von einer feuchten Wand und reißt Moos von Steinen, um es herunterzuwürgen (vergl. Parfum, S. 168). In der Szene „Wald und Höhle" im Goethe'schen *Faust I* richtet Mephistopheles an Faust die Frage:
„Was hast Du da in Höhlen, Felsenritzen
Dich wie ein Schuhu zu versitzen?
Was schlurfst aus dumpfem Moos und triefendem Gestein
Wie eine Kröte Nahrung ein?"
(Goethe, *Faust I*, Vers 3272–3275, Stuttgart 1963, S. 100) siehe hierzu auch: Wolfgang Hallet, *Das Genie als Mörder.* In: Literatur für Leser 3/4 1989, S. 282

52 Deutliche (sprachliche) Anklänge an die Schöpfungsgeschichte sind festzustellen. So heißt es etwa: „Und der Große Grenouille sah, dass es gut war, sehr, sehr gut."(Parfum, S. 162); im 1. Buch Mose, Kap. 1, Vers 31, finden wir: „Und Gott sah an alles, was er gemacht hatte; und siehe da, es war sehr gut." Und wie Gott die Dinge der Welt erschafft, so wird auch Grenouille zum Schöpfer, nur dass er nicht die Dinge selbst erschafft, sondern die Düfte der Dinge, denn er sät seinen duftenden „göttlichen Grenouillesamen" aus. (Parfum, S. 161)

53 Auf die Zahl Sieben als „Märchenzahl" sei hier nur kurz verwiesen (sieben Zwerge, sieben Schwaben, sieben Brüder etc.). Der Krieg, der erwähnt wird, ist der Siebenjährige Krieg.

ßen herrscht, kann ihn erschüttern. Er lebt außerhalb einer Zeitordnung. Für Grenouilles Aufenthalt in der Höhle tief unter der Erde gilt, was Jean Starobinski zum „Doppelaspekt der Moderne in der Literatur" unter Bezug auf ein Gedicht von Baudelaire über den Dichter und seine Stellung in der Welt formuliert hat. Er baut sich „ein imaginäres Universum, dessen Herr er allein ist. Seine volle Autonomie drückt sich in starken Bildern aus: eine ‚Sonne' aus seinem ‚Herzen' ziehn; seine ‚Gedanken' in ‚laue Luft' verwandeln.
Entschlossen, die menschliche Geschichte zu ignorieren, (...) bewohnt er einen Raum, der nur ihm gehört. So erschafft er nicht nur einen neuen Himmel und neue Gestirne; er führt auch eine neue Zeitrechnung ein, die weder mit dem Stundenplan eines Arbeitstages übereinstimmt noch dem Glockenschlag folgt, der die Gläubigen zum Gebet ruft. Darin drückt sich ein doppelter Aspekt der Moderne aus (...): der Verlust des Einzelnen in der Masse, unter äußerlichen Gegebenheiten, und die Auflösung des Bewusstseins in der Menge – oder, umgekehrt, die vom schöpferischen Ich zurückgeforderte absolute Macht."[54]

Grenouilles innere Katastrophe

Diese absolute Macht fordert Grenouille (zunächst nur) in seiner Traumwelt ein; seine Abgeschiedenheit von der Welt der Menschen ist vollkommen. Folgerichtig kann eine Katastrophe nur eine „innere" sein. Sie ereignet sich „im Traum im Schlaf im Herz in seiner Phantasie" und blockiert somit „Grenouilles bevorzugten Fluchtweg." (Parfum, S. 170)
Grenouille stellt während einer Traumreise fest, dass er keinen Eigengeruch hat; er kann sich „um alles in der Welt nicht riechen." (Parfum, S. 171) Mit einem Schrei erwacht er aus seiner Fantasiewelt, in die er nun nie mehr hinabsteigen will,

54 Jean Starobinski, *Kirchtürme und Schornsteine/Über das Archaische und Moderne.* In: Neue Zürcher Zeitung v.6./7. 12. 1986, S. 69

weil er meint, diesen schrecklichen Traum, sollte er jemals wiederkehren, nicht überleben zu können. Aus dem Traum erwacht, muss er zu seinem Entsetzen feststellen, dass er die Wirklichkeit geträumt hat. Er kann an sich keinen Körpergeruch feststellen. Die „Angst, über sich selbst nicht Bescheid zu wissen", erfasst ihn (Parfum, S. 175). Seine unbestechliche und untrügliche Nase verschafft ihm Gewissheit: er hat tatsächlich keinen Eigengeruch. Er verlässt „noch in derselben Nacht den Plomb du Cantal in südlicher Richtung." (Parfum, S. 176)

***

Der Lebensphase im Plomb du Cantal kommt für Grenouilles weitere Entwicklung eine besondere Bedeutung zu. Dies wird allein schon dadurch unterstrichen, dass die sich über sechs Kapitel erstreckende Darstellung den (quantitativen) Mittelpunkt des Romans ausmacht. Alle anderen Abschnitte sind um diese sechs Kapitel gruppiert. Hinzu kommt, dass Grenouille kein menschliches Gegenüber hat. In den vorausgegangenen und den folgenden (Lebens-)Abschnitten ist Grenouille mit der Menschenwelt konfrontiert; hier steht er nur sich selbst gegenüber. Und – ein (Schein)-Paradoxon – erst die Menschenferne der Bergeinsamkeit ermöglicht Grenouille einen entscheidenden Schritt bei der eigenen Menschwerdung.
Wolfgang Hallet hat die besondere Bedeutung der „Eremitage" für Grenouilles Entwicklung hervorgehoben. Er soll deshalb hier ausführlich zu Wort kommen: „In einem Prozess erneuten inneren Durchlebens nimmt er (Grenouille, B. M.) vor seinem inneren Auge (seiner inneren Nase) Rache an allen, die ihn erniedrigt, benutzt und verachtet haben. Diese Rück-

erinnerung gibt ihm die Möglichkeit, sein Leben gedanklich und emotional zu ordnen, so dass er im Nachhinein Beziehungen, die mit Hass und Liebe, Zuneigung und Ablehnung, Ekel und Wohlempfinden verbunden sind, herstellen kann.

Grenouilles Prozess der Sozialisation – Aufgabe der animalischen Existenzweise

Dieser Prozess stellt so etwas wie ‚Vergangenheitsbewältigung', nachgeholte Sozialisation dar, die ihm auch die Bestimmung eines eigenen Standortes, Selbstreflexion, vielleicht sogar Findung einer eigenen Identität erlaubt, indem er sich seiner Lebensgeschichte versichert. Er lässt damit seine bisherige mehr oder weniger animalische Existenz hinter sich (...) und öffnet sich der Reflexion, einer typischerweise menschlichen Qualität. (...)
Er gewinnt das Bewusstsein von der eigenen Kraft, Kreativität und Macht, wir nehmen teil an seiner Wandlung vom Objekt zum Subjekt, seinem Ausgang aus der Unmündigkeit. Wie in einem (sieben Jahre) langen Schlaf findet der Protagonist so Heilung von seiner kranken Vergangenheit, wandelt sich zu einem neuen Menschen und sammelt Kräfte für die noch bevorstehenden großen Taten."[55]

Um diese jedoch vollbringen zu können, bedarf es eines weiteren Ortswechsels. Grenouille steigt wieder in die Menschenwelt hinab.

55 W. Hallet, S. 281 f. Ein ganz anderer Ansatz zum Verständnis der Eremitage-Episode soll an dieser Stelle nicht unerwähnt bleiben. Unter Verweis auf die Verwendung zahlreicher literarischer Topoi in diesem Abschnitt des Romans kommt Judith Ryan zu dem Ergebnis, es handele sich um eine Parodie auf die Romantik, insbesondere die Lyrik dieser Epoche: „Die absichtlich schwerfällige und ungeschickte Verwendung bekannter Zitate ist als deutlicher Hinweis auf den Parodiecharakter des Textes zu verstehen." (J. Ryan, *Pastiche und Postmoderne. Patrick Süskinds Roman „Das Parfum"*. In: Paul Michael Lützeler (Hrsg.), Spätmoderne und Postmoderne. Beiträge zur deutschsprachigen Gegenwartsliteratur. Frankfurt 1991, S. 96)

Rückkehr in die Welt/Der omnipotente Gott des Duftes

„Ihr nähret kümmerlich
von Opfersteuern
und Gebetshauch
Eure Majestät
und darbtet, wären nicht
Kinder und Bettler
hoffnungsvolle Toren"[56]

Als Grenouille den Plomb du Cantal verlässt, ist er körperlich völlig verwahrlost. Die ersten Leute, denen er begegnet, vermuten, „er sei gar kein richtiger Mensch, sondern eine Mischung aus einem Menschen und einem Bären, eine Art Waldwesen." (Parfum, S. 177)

Grenouille wird dem Marquis de la Taillade-Espinasse, einem Mitglied des Parlaments in Toulouse, vorgeführt, der sich seiner annimmt. Der Grund für das Interesse des Marquis' an Grenouille ist die von Taillade-Espinasse vertretene „fluidumletale-Theorie", die besagt, dass aus der Erde strömende Gase (Letalgas) das Wachstum von Mensch, Tier und Pflanze negativ beeinflussen. In dem ‚Bärenmenschen' sieht der Marquis den Beweis für seine Theorie.[57]

Der Marquis verfrachtet Grenouille nach Montpellier und präsentiert Grenouille in der Aula der Universität einem vierhundertköpfigen Publikum als „wissenschaftliche Sensation des Jahres" (Parfum, S. 181). Dem Auditorium verspricht der

56 Johann Wolfgang von Goethe, *Prometheus* (zitiert nach *Spiegel der Seele/Zweihundert Jahre deutscher Dichtung*. Hrsg. Franz Fassbinder, Münster 1960, S. 29)

57 Die von Taillade-Espinasse vertretene Theorie entspricht der im 18. Jahrhundert verbreiteten Lehre von den schädlichen Ausdünstungen der Erde, den sog. „Miasmen", einer Folge des durch das Feuer im Erdinneren hervorgerufenen Gärungsprozesses. Diese Theorie führte u. a. zu der für uns heute sicherlich verwunderlichen Auffassung, dass insbesondere den Menschen auf dem Lande große Gefahren drohten, da sie, aufgrund der gebückten Haltung bei vielen Arbeitsprozessen (Ernte, Kartoffellese), dem Erdboden und damit den schädlichen Dämpfen nahe waren (vergl. hierzu und zur Theorie von Espinasse A. Corbin, S. 35–40).

Marquis am Ende seiner Demonstration, „den an und für sich Todgeweihten mittels einer Ventilationstherapie in Kombination mit Vitaldiät innerhalb von acht Tagen wieder herzustellen (...)." (Parfum, S. 181 f.)

Nach fünftägigem Aufenthalt im „Vitalluftventilator" wird Grenouille gebadet, mit ausgewählten Cremes, Ölen und diversen Schönheitsmittelchen behandelt und in Samt und Seide gekleidet. Und auch in Grenouilles Fall machen Kleider Leute. Der Marquis ist nicht nur von seiner genialen Tat begeistert, sondern findet auch, dass „Monsieur" ein „ganz passabler Mensch" ist (Parfum, S. 184).

Grenouille, zu dem zum ersten Mal jemand „Monsieur" gesagt hat, betrachtet sein Spiegelbild und ist besonders darüber verblüfft, dass „er so unglaublich normal" aussieht, zwar ein wenig klein, aber doch wie „Tausende von anderen Menschen auch". (Parfum, S. 185)[58]

Komposition des Eigengeruchs

Nun nimmt es Grenouille in Angriff, seinen Makel, den fehlenden Eigengeruch, durch die Herstellung eines Parfums mit menschlicher Duftnote zu beseitigen. Denn bei seinem Blick in den Spiegel ist Grenouille klar geworden, dass „diese als Mensch verkleidete, maskierte, geruchlose Gestalt (...) würde man ihre Maske nur vervollkommnen – eine Wirkung auf die äußere Welt tun [könnte], wie er, Grenouille, sie sich selbst nie zugetraut hätte." (Parfum, S. 186)

Der Mensch – ein Stinker

Die Vervollkommnung der Maskerade ist die Kreation eines menschlichen Grundduftes, der allen Menschen gemein ist und erst die Basis einer „unverwechselbare(n) Chiffre des persönlichen Geruchs" (Parfum, S. 191) darstellt.

---

55 Grenouille ist klar, dass seine Verwandlung vom Tier zum Menschen keine Bestätigung der obskuren Theorie des Marquis ist, sondern Folge der Körperpflege, der ausreichenden Versorgung mit Nahrung , der Kleidung und der „kosmetischen Maskerade." (Parfum, S. 187)

Diesen Grundduft, den Grenouille (nicht gerade schmeichelhaft für die Menschheit) als ein „schweißig-fettes, käsig-säuerliches, ein im ganzen reichlich ekelhaftes Grundthema" (Parfum, S. 190) definiert, komponiert er aus Ingredienzen, die er in der Werkstatt des Parfumeurs Runel vorfindet: Katzendreck und Käsereste, ein fischiges Etwas und faules Ei, Muskat und angesengte Schweineschwarte u. v. a. m. Über diese Grundsubstanz (eine ekelhafte, kloakenhafte, nach Verwesung stinkende Brühe) legt Grenouille eine Schicht ölig-frischer Düfte, wie Pfefferminz, Lavendel und Limone, durch die sich das kadaverhafte Grundthema in einen frischen und blumigen Duft auflöst (vergl. Parfum, S. 192 f.).
Grenouille füllt die Substanz in zwei Flakons und fertigt ein weiteres Parfum an, bei dem er aber auf die menschliche Grundsubstanz als Geruchsbasis verzichtet und bei dem nur der ‚Oberflächenduft' dem ersten Parfum ähnlich ist. Auch dieses Parfum füllt er ab und besprüht seinen Körper und seine Kleider dann mit der ersten Komposition, um den von ihm kreierten Menschenduft auf seine Wirkung hin zu überprüfen.

Verachtung der Menschen

Grenouilles Freude ist „grenzenlos", als er, in einer Menschenmenge stehend, feststellt, dass die Menschen ihn nun als ihresgleichen akzeptieren und sie sich so leicht täuschen lassen von seinem aus „Katzenscheiße, Käse und Essig zusammengepantschten Gestank." (Parfum, S. 196)
Grenouille wird von einem „schwarze(n) Jubel" erfasst, von einem „böse(n) Triumphgefühl", und er muss sich zusammennehmen, um den Menschen nicht ins Gesicht zu schreien, „daß er keine Angst vor ihnen habe; ja kaum noch sie hasse; sondern daß er sie mit ganzer Inbrunst verachte, weil sie stinkend dumm waren; weil sie sich von ihm belügen und betrü-

gen ließen; weil sie nichts waren, und er war alles." (Parfum, S. 197).

An diesem Tag fasst Grenouille den Entschluss, der „omnipotente Gott des Duftes" zu werden. Die Menschen sollen ihn lieben „bis zum Wahnsinn, bis zur Selbstaufgabe." (Parfum, S. 198) Der Duft, den er sich zu komponieren vornimmt, soll nicht nur „menschlich, sondern übermenschlich" sein, ein „Engelsduft" (ebd.). Und diesen Duft will Grenouille verwenden, um seine Allmachts- und Herrschaftsfantasien aus seiner Zeit im Plomb du Cantal in die Wirklichkeit umzusetzen. Das, was er in seinen Träumen während des Aufenthaltes im Plomb du Cantal vorweggenommen hat, will er nun in der Realität praktizieren. Er entwickelt, ganz nüchtern und nicht in „euphorischer Stimmung", die Idee, „Menschen zu beherrschen", weil er „durch und durch böse sei" (Parfum, S. 199).

Grenouille will die Menschen beherrschen

Aus dem Weltenschöpfer im Traum wird ein Prometheus der Tat – ein blasphemischer Zyniker. Denn nicht ganz zufällig fasst Grenouille seinen Entschluss, während er auf einer Bank im Dom von Saint-Pierre sitzt und der Weihrauch ihm in die Nase zieht. Nicht nur die Menschen verachtet er, sondern auch den Menschengott, der sich mit einem so schlechten Duft huldigen lässt, was Grenouille zu den Gedanken kommen lässt: „Gott stank. Gott war ein kleiner armer Stinker. Er war betrogen, dieser Gott – oder er war selbst ein Betrüger, nicht anders als Grenouille – nur ein um so viel schlechterer." (Parfum, S. 199 f.)[59]

59 Dass Grenouille sich in dieser Situation über Gott erhebt, verweist darauf, dass ihm, von seiner Kindheit an, ethisch-moralische Kategorien fremd waren. Ein Grund liegt in seinem Spracherwerb: „Mit Wörtern, die keinen riechenden Gegenstand bezeichneten, mit abstrakten Begriffen also, vor allem ethischer und moralischer Natur, hatte er die größten Schwierigkeiten. (...) Recht, Gewissen, Gott, Freude, Verantwortung, Demut, Dankbarkeit usw. – was damit ausgedrückt sein sollte, war und blieb ihm schleierhaft." (Parfum, S. 33)
Und Menschen, dies der vielleicht entscheidende Grund, die ihm gegenüber nach solchen moralischen Kategorien handelten, war er ja nie begegnet.

Als Test dafür, ob seine Idee in die Tat umzusetzen ist, dient Grenouille seine abermalige Präsentation in der Aula der Universität. Zwar ruft die Menge jubelnd den Namen des Marquis de la Taillade-Espinasse, dem Grenouille die zwei Flakons mit der ‚Oberflächenkomposition' seines Menschenduftes geschenkt hat und der die Bestätigung seiner Theorie feiern lässt, doch in Wirklichkeit, das sieht Grenouille – und zum dritten Mal benutzt er in diesem Moment bewusst seine Augen! – ist es die „Aura seines Duftes" (Parfum, S. 203), die die Menschen erreicht und sie sich schlagartig verändern lässt. Eine Welle von Sympathie schlägt dem vormals Verachteten entgegen.

Grenouille täuscht die Menschen und wird akzeptiert

Nach ein paar weiteren Wochen, in denen er zum Mittelpunkt gesellschaftlicher Ereignisse und gern gesehener Gast auf Bällen und Empfängen wird, ist für Grenouille abermals die Zeit für einen Aufbruch gekommen. Im Schutze der Dunkelheit verlässt er Montpellier und macht sich auf den Weg nach Grasse.

***

Grenouilles Zeit in Montpellier trägt neue Facetten zur Entwicklung seiner Persönlichkeit bei. Zunächst macht seine „Sozialisation" weitere Fortschritte. Er lernt es, sich den gesellschaftlichen Konventionen entsprechend zu verhalten, das „Verdruckte, Linkische" fällt von ihm ab und macht „einer Haltung Platz, die als natürliche Bescheidenheit oder allenfalls als eine leichte angeborene Schüchternheit gedeutet" wird (Parfum, S. 205).

Grenouilles Selbsteinschätzung

Verschafft ihm der Gesellenbrief den Deckmantel einer bürgerlichen Exis-

tenz, so versteht er es nun auch, sich im Habitus einen bürgerlichen Anstrich zu geben. Er wird geschickter in der Konversation mit seinen Mitmenschen, v. a. aber entwickelt er „einen routinierteren Umgang mit der Lüge." (Parfum, S. 204)
Seine Selbstreflexion erreicht wiederum einen höheren Grad des Bewusstseins. Grenouille nimmt eine Standortbestimmung vor („durch und durch böse"). Er ist sich seiner Fähigkeiten weitaus mehr bewusst, als er es noch bei Baldini oder während seiner Rauschzustände im Plomb du Cantal war. Vor allem aber hat er ein klares Ziel vor Augen (Beherrschung der Menschen/Erweckung ihrer Liebe).
Dieses Ziel kann er erreichen, so seine Erkenntnis, weil die Menschen eine leicht zu täuschende Masse sind. Das Medium dieser Manipulation ist das Parfum, denn die Menschen „konnten die Augen zumachen vor der Größe, vor dem Schrecklichen, vor der Schönheit und die Ohren verschließen vor Melodien oder betörenden Worten. Aber sie konnten sich nicht dem Duft entziehen. Denn der Duft war ein Bruder des Atems. Mit ihm ging er in die Menschen ein (...). Wer die Gerüche beherrschte, der beherrschte die Herzen der Menschen." (Parfum, S. 198 f.)

Der Duft – ein Herrschaftsmittel

Um den absoluten Duft kreieren zu können, bedarf es aber der Techniken, deren Erlangung wegen er vor mehr als sieben Jahren Baldini Richtung Grasse verlassen hatte. Grenouilles Aufbruch ist deshalb zur Vollendung seiner Pläne zwingend notwendig.

Das Meisterstück

Nach einer knapp einwöchigen Reise erreicht Grenouille die Stadt Grasse, eines der Zentren der Herstellung von und des

Handels mit Duftstoffen, Seifen, Ölen und Parfumeriewaren aller Art.[60]

Noch am Abend seiner Ankunft streift Grenouille durch die Gassen der Stadt, hinter deren teilweise recht bescheiden wirkenden Hausfassaden sich Speicher und Keller mit feinsten Ölen, Seifen und Rohstoffen zur Parfumherstellung befinden und die kleine Gärten und luxuriöse Wohngemächer verbergen, die nach „Gold und nach Macht, nach schwerem gesicherten Reichtum" riechen (Parfum, S. 213).

Aus einem dieser Gebäude weht Grenouille ein Geruch entgegen, den er bereits einmal gerochen hat: Es ist der Duft des rothaarigen Mädchens, seines ersten Opfers. Zwischen Glückseligkeit und Zweifel hin- und hergerissen, benötigt Grenouille einige Momente der Besinnung, um sich zu sammeln. Erst dann riskiert er einen Blick über die Mauer. Er sieht ein Mädchen, noch ein Kind eigentlich, dessen Duft „schon jetzt so haarsträubend himmlisch" ist, dass es noch besser riecht als das Mädchen in Paris. (Parfum, S. 217) In ein bis zwei Jahren, das weiß Grenouille, „würde dieser Geruch gereift sein und eine Wucht bekommen, der sich kein Mensch, weder Mann noch Frau, würde entziehen können." (Parfum, ebenda)

Grenouille will diesen Duft haben, doch nicht auf eine so zerstörerische Weise wie in Paris, wo er noch nicht in der Lage war, den Duft zu konservieren, sondern ihn nur rauschhaft in sich hineingezogen und damit zerstört hatte.

Er weiß, dass er warten kann (nämlich bis das Mädchen herangereift ist und sein Duft sich entfaltet hat) und warten muss (nämlich bis er seine handwerklichen Fähigkeiten ver-

60 Nach Rimmel waren Grasse, Cannes und Nizza (Mitte des 19. Jahrhunderts) die Zentren, in denen das Mazerations- und Absorptionsverfahren (enfleurage) hauptsächlich praktiziert wurde. Rund hundert Herstellerfirmen beschäftigten während der Blumensaison mehr als zehntausend Menschen (vergl. Rimmel, S. 270).

vollkommnet hat, um ihren Duft zu konservieren). Zwei Jahre gibt sich Grenouille bis zur „Zeit der Ernte". (Parfum, S. 219)

In diesem Moment bewähren sich nun Grenouilles Sozialisationsfortschritte. Er versteht es einerseits, seine (nahezu triebhafte) Regung, sich den Duft des Mädchens anzueignen, zunächst zurückzustellen und, auf ein Ziel hin orientiert, die ‚Schaffung des absoluten Duftes', planvoll ans Werk zu gehen.[61] Andererseits kommt ihm nun zugute, dass er bei Baldini den Gesellenbrief erworben und sich während des Aufenthaltes in Montpellier gesellschaftliche Umgangsformen angeeignet hat. Denn ohne große Schwierigkeiten wird er als zweiter Geselle im Hause der Witwe des Parfumeurs Arnulfi angestellt. Grenouille eignet sich die Techniken der Mazeration und der Absorption an.[62]

Die Kunst der Täuschung und Verstellung, die er ebenfalls während seiner Zeit in Montpellier erlernt hat, trägt dazu bei, dass es ihm gelingt, „als vollständig uninteressant zu gelten." (Parfum, S. 231).

Grenouille führt ein Doppelleben. Er arbeitet tagsüber für Madame Arnulfi und beginnt gleichzeitig damit, in den Nächten die neu erlernten Techniken, die er bald perfekter beherrscht als Druot, für seine Zwecke experimentell zu überprüfen.

Es erweist sich dabei für ihn als Glücksfall, dass ihm Madame Arnulfi aus reinem Geiz und nackter Profitgier als Behausung eine kleine, abgelegene Kabane zugewiesen hat, in der er seinen nächtlichen Studien ungestört nachgehen kann.

---

61 Man könnte mit der Begriffsapparatur der Psychoanalyse sagen, Grenouille habe die Fähigkeit zur Sublimierung erlangt, da eine Wunschregung nicht abgesperrt wird, wie bei der Verdrängung, sondern zur späteren Verwertung auf ein höheres Ziel gelenkt wird. (vergl. etwa Robert Waelder, *Die Grundlagen der Psychoanalyse*, Stuttgart 1969, S. 101–107)

62 Vergleiche hierzu die Schilderung dieser Techniken bei Süskind (Kap. 36/37) und bei Rimmel (S. 265–269).
Die von Grenouille zur Gewinnung des Duftes der ermordeten Mädchen angewendete Enfleurage-Technik beruht auf der Übertragung von Aromastoffen (Duftstoffen) auf eine Fett- oder auch Ölbasis (vergl. hierzu Grimmel, besonders S. 266 f.).

Grenouille produziert verschiedene Parfums, die seiner Persönlichkeit unterschiedliche Noten geben und je nach Bedarf von ihm eingesetzt werden, so etwa ein Parfum, das bei Damen mittleren und hohen Alters Mitleid für ihn erweckt. (vergl. Parfum, S. 232 f.) Gleichzeitig verfeinert er seine Fähigkeiten, den Dingen ihren Duft mit Hilfe der neuen Techniken zu entreißen.
Er beginnt dabei mit Alltagsgegenständen, geht allmählich dazu über, Tiere zu „mazerieren", wobei er schnell feststellt, dass er sie ruhig stellen muss, um den Übertragungsprozess erfolgreich durchführen zu können. Er weiß nun, dass er Lebewesen töten muss, um ihren Duft zu gewinnen. Proben menschlichen Duftes sammelt er, indem er „Probefähnchen", kleine Fetzen fett- oder ölgetränkten Stoffs, an Wirtshausbänken oder unter Kirchengestühl platziert.
Eine stumme Bettlerin bringt er schließlich dazu, von ihm präparierte Probeläppchen einen Tag lang auf der nackten Haut zu tragen, um die optimale Mischung für die Duftgewinnung herauszufinden. (vergl. Parfum, S. 234–239)
Als er seine Versuche abgeschlossen hat, kann er sich auf die Jagd machen nach dem „Duft gewisser Menschen: jener äußerst seltenen Menschen nämlich, die Liebe inspirieren." (Parfum, S. 240)
Doch noch einmal erfasst ihn eine innere Krise, nahezu vergleichbar mit jener im Plomb du Cantal. Grenouille wird klar, dass der Duft des jungen Mädchens nicht ewig vorhalten würde, dass der Vorrat einmal erschöpft wäre und somit auch die Aura, die ihn, den Träger des Duftes, umgeben würde. Doch der „Zeck Grenouille, vor die Wahl gestellt, in sich selbst zu vertrocknen oder sich fallen zu lassen, (entscheidet) sich für das zweite, wohl wissend, dass dieser Fall sein letzter sein würde." (Parfum, S. 244)

Der Weg zum „absoluten Duft"

Grenouille erkennt, dass sein Problem ein technisch-handwerkliches Problem ist. Es gilt, den Duft des Mädchens möglichst lange zu bewahren, indem er in ein „Duftdiadem" eingeschmiedet würde, dessen „Herznote" er sein soll (Parfum, S. 246). Die Bestandteile dieses Diadems sollen ihm die Düfte anderer Mädchen liefern. Eine Mordserie beginnt.

24 Mädchen werden im Laufe der nächsten Wochen und Monate zu Opfern Grenouilles. Alle sind von „jenem schwerblütigen Typ (...) wie aus dunklem Honig, glatt und süß und ungeheuer klebrig" und der Typus ist „noch nicht ins Sämige" verflossen (Parfum, S. 247). Und immer sind es solche, „die gerade erst begonnen hatten, Frauen zu sein" (Parfum, S. 250).[63]

Dass die Mädchen nicht sexuell missbraucht werden, aber ihr Haar abgeschnitten ist und ihre Kleider fehlen, verstärkt die Unruhe unter der Bevölkerung. Als nach einem Bittgottesdienst die Mordserie jedoch aufhört, glaubt man, sich der „Bestie" entledigt zu haben (Parfum, S. 252). Dass der Mörder noch unter ihnen ist und in Ruhe sein Meisterstück plant, ahnt nur ein Bürger in Grasse: Antoine Richis, der Vater des Mädchens, dessen Duft Grenouille ernten will.

Nach einem Traum, aus dem er schweißgebadet aufwacht, kommt Richis in seinen Überlegungen den Plänen Grenouilles verblüffend nahe auf die Spur, ahnt er doch, dass da ein Mann „von höchstem Geschmack und perfekter Methode" am Werke ist, ein „Sammler von Schönheit", der an einem „Bildnis der

---

63 Diese Besonderheit lässt sich vielleicht mit einer historischen Auffassung über den weiblichen Zyklus erklären: „Aus der Sicht der montpellierschen Vitalisten bezeugt die Frau in diesem Augenblick des Zyklus die ganze Lebenskraft der Natur. Sie scheidet stark animalisierte Produkte aus, verlockt die Männer zur Befruchtung, verströmt die Reize der Verführung." (A. Corbin, S. 64)

Vollkommenheit" arbeitet, zu dem seine Tochter Laure den „kostbarsten Baustein" liefern würde (Parfum, S. 259).[64]
Doch Richis' Plan, seine Tochter zu retten, scheitert. Grenouille tötet Laure Richis und macht sich im Morgengrauen, nach einer Nacht des ruhigen Wartens und der Erinnerungen, mit Laures Haarschopf, ihrem Kleid sowie dem durch eine ‚Ganzkörper-Enfleurage' gewonnenen Duft auf den Heimweg.
Nur wenige Tage später wird, ein Ergebnis systematischer Polizeiarbeit, Grenouille verhaftet und des Mordes an den 25 Mädchen überführt. Ihm wird der Prozess gemacht, und am 15. April 1766 wird das Urteil verkündet. Grenouille soll öffentlich zu Tode gemartert werden, indem er auf ein Kreuz gebunden wird und ihm die Gelenke zerschmettert werden.[65]
Das Schauspiel der Hinrichtung, zehntausende von Menschen versammeln sich an der Richtstätte, wird zu Grenouilles grandioser Apotheose und ist gleichzeitig Auslöser für sein inneres Zerbrechen. Als Grenouille der Kutsche entsteigt, mit der er zum Richtplatz gefahren worden ist, entfaltet sein Parfum, das er natürlich fertig gestellt und mit dem er sich besprenkelt hat, seine Wirkung, denn ein „Wunder" geschieht, jedenfalls „etwas Ähnliches wie ein Wunder, nämlich etwas dermaßen Unbegreifliches, Unerhörtes und Unglaubliches, daß alle Zeugen es im nachhinein als Wunder bezeichnet haben würden,

---

64 Es sei noch einmal daran erinnert, dass der Mörder Grenouille kein sexuelles Interesse an seinen Opfern hat. Dagegen muss sich Richis mit Beginn der Mordserie immer häufiger dabei ertappen, dass er seine Tochter begehrlich betrachtet, sich wünscht, sich „an sie, auf sie, in sie" legen zu können, und nur mit Mühe diese „grauenvolle Lust" unterdrücken kann. Richis, der ehrenhafte Bürger, verstößt somit zumindest gedanklich gegen das (in allen Kulturen gültige) Inzestverbot. (vergl. hierzu etwa C. S. Ford/F. A. Beach, *Formen der Sexualität/das Sexualverhalten bei Mensch und Tier,* Berlin 1954, besonders S. 120 f. sowie auch Sigmund Freud, *Drei Abhandlungen zur Sexualtheorie,* Frankfurt 1971, besonders S. 91–98)

65 Das „düstre Fest der Strafe", wie Michel Foucault diese öffentlichen Marterungen nennt, ist am „Ende des 18. Jahrhunderts, zu Beginn des 19. Jahrhunderts (...) trotz einigen großen letzten Aufflackerns, im Begriff zu erlöschen." (Michel Foucault, *Überwachen und Strafen/Die Geburt des Gefängnisses,* Frankfurt 1977, S. 15)
Foucault untersucht in seiner Studie die Funktion der öffentlichen Hinrichtungen und die Ursachen für ihre allmähliche Abschaffung und Ersetzung durch andere Strafpraktiken.

wenn sie überhaupt noch jemals darauf zu sprechen gekommen wären, was nicht der Fall war, da sie sich später allesamt schämten, überhaupt daran beteiligt gewesen zu sein." (Parfum, S. 299)
Die Menge ist sich plötzlich absolut sicher, dass Grenouille nicht der Mörder gewesen sein kann. Und jeder einzelne Anwesende, vom Bischof bis zum Bauern, wird von einem „mächtige(n) Gefühl von Zuneigung, von Zärtlichkeit, von toller kindischer Verliebtheit, ja, weiß Gott, von Liebe zu dem kleinen Mördermann" erfasst (Parfum, S. 300). Und dieses Gefühl entlädt sich in einer sexuellen Orgie, einer Massenkopulation sondergleichen, die alle Klassen- und Altersunterschiede überschreitet. Grenouille, gehüllt in eine „Wolke seines himmlisch-höllischen Parfums, betört, verzaubert als Duft-Messias die Massen, versetzt sie in Rausch und Ekstase (...)"[66] Alle moralischen, sittlichen und gesellschaftlichen Schranken sind aufgehoben und machen einer Freisetzung von Instinkten Platz.

Grenouille – der Gott

Und beim Anblick der sich in diesem tollen Liebeskarneval ekstatisch windenden Menschenleiber hat Grenouille zunächst „messianische" Gefühle: „Er war noch größer als Prometheus (...) Er war in der Tat sein eigener Gott, und ein herrlicherer Gott als jener weihrauchstinkende Gott, der in den Kirchen hauste. (...) Ja, er war der Große Grenouille." (Parfum, S. 304 f.)

Grenouilles Niederlage in der Stunde des Triumphs

Doch Grenouille, die ihm erliegende Menge beobachtend, kann diesen „größten Triumph seines Lebens" (Parfum, S. 305) nicht genießen. Er, der sich gewünscht hatte, dass die Menschen ihn liebten, hasst sie, und er will, dass sie diesen Hass merken und erwidern. Einmal im Leben will

66 N. Höpfner, in: Die Presse

Grenouille „sein wie andre Menschen auch und sich seines Innern entäußern" (Parfum, S. 306).
Aber genau dies kann nicht gelingen – und sein Parfum, seine prometheische Tat, steht dem im Wege.
Als Grenouille Antoine Richis auf sich zukommen sieht, erfasst ihn ein Gefühl der Erleichterung, denn er ist sich sicher, dass dieser ihn wegen des Mordes an Laure töten wird. Doch als der Vater des Mädchens ihn, den Mörder der Tochter, um Vergebung bittet, verlassen Grenouille die Kräfte, und er fällt in eine Ohnmacht.
Grenouille weiß endgültig, dass er gescheitert ist, als er, im Bett Laure Richis' liegend, aufwacht und Laure Richis' Vater ihm nicht nur mitteilt, dass der Prozess eingestellt und das Urteil aufgehoben werde und er frei sei, sondern ihn küsst und ihm erklärt, er wolle ihn als Sohn adoptieren.
Wieder bricht Grenouille auf. Seine Reise wird an ihrem Ausgangspunkt enden. Grenouille kehrt nach Paris zurück.

***

Diese Rückkehr nach Paris ist eine doppelte. Sie ist die Rückkehr eines Reisenden durch verschiedene Provinzen und Städte Frankreichs zur Ausgangsstation seiner Wanderschaft. Sie ist aber auch und vor allem die Rückkehr Grenouilles zu seinem inneren Ausgangspunkt. Auf der Suche nach sich selbst und einem Standort in der Beziehung zu anderen Menschen muss Grenouille feststellen, dass er auf sich selbst zurückgeworfen ist.
Der Prozess seiner Zivilisation ist abgeschlossen. Er ist ein Mitglied der Gesellschaft geworden, beherrscht ihre Umgangsformen und Konventionen. Er hat sich eine – unter finanziellen Gesichtspunkten – bescheidene, aber immerhin si-

chere Existenzgrundlage geschaffen. Sein gesellschaftlicher Status ist als Handwerksgeselle zwar nicht besonders hoch, aber im Gegensatz zu seiner früheren Existenz doch immerhin anerkannt und stabil. Sein handwerkliches Können hat er perfektioniert. Mit der Kombination seines handwerklichen Geschicks und seiner Genialität könnte er ohne Schwierigkeiten alle Parfumeure Frankreichs an Erfolg überflügeln.
Eine solche „bürgerliche Karriere" hat ihn jedoch nicht interessiert, denn er wollte ein Schöpfer sein und seine genialen Fähigkeiten entfalten.
Mit der Schaffung des Parfums hat er seine genial-fantastische Meisterleistung vollbracht, ein Ergebnis höchsten handwerklichen Geschicks. Der Prozess der Ich-Findung aber wird in dem Moment, in dem sein Meisterwerk seine Wirkung entfaltet, zur persönlichen Katastrophe. Dies ist die für ihn schmerzliche Erkenntnis in der Stunde seines größten Triumphes.

Die Menschen lieben nur Grenouilles Aura, nicht ihn selbst

An seinem wirklichen Problem scheitert er nämlich. Es ist ja nicht Grenouille, den die Menschen in ihrer rasenden Tollheit lieben, sondern es ist sein (künstlicher) Geruch, dem sie verfallen. Sie lieben nicht ihn, sondern seine (geruchliche) Maske. Nicht er ist ja das Subjekt der Verführung und das libidinöse Objekt der Massen, sondern nur seine Aura. Die Menschen begehren nicht ihn, sondern ein Surrogat. Hinzu kommt, dass die Liebe zwischen den Menschen auf dem Richtplatz auf einen sexuellen Akt animalischer Triebbefriedigung reduziert ist. Eine wirkliche Liebe zwischen Menschen scheint also nicht möglich.
Insofern ist Grenouille nicht nur auf dem Gipfelpunkt seiner Machtvollkommenheit, sondern er ist gleichzeitig auf dem Gipfelpunkt seiner Einsamkeit. Er wird zurückgeworfen in sein frühestes Stadium, „geboren ohne Geruch am stinkend-

sten Ort der Welt, stammend aus Abfall, Kot und Verwesung, aufgewachsen ohne Liebe, lebend ohne warme menschliche Seele einzig aus Widerborstigkeit und der Kraft des Ekels (...)." (Parfum, S. 304)

Verklärung

Ohne Umwege und ohne die geringste Verzögerung in Kauf zu nehmen, macht sich Grenouille auf den Weg nach Paris. Er weiß um die ungeheure und ungeheuerliche Macht, die ihm sein Parfum verleiht. Aber an dieser Macht ist Grenouille nicht (mehr) interessiert („(...) wenn er sich selbst nicht riechen konnte und deshalb niemand wüsste, wer er sei, so pfiff er drauf, auf die Welt, auf sich selbst, auf sein Parfum." (Parfum, S. 316)

Am 25. 6. 1767 erreicht Grenouille Paris, am bisher heißesten Tag des Jahres. Und die Hitze lässt die Stadt stinken „wie am Tag von Grenouilles Geburt." (Parfum, S. 317)

In den Arkaden der Gebeinhäuser des Cimetière des Innocents verbringt Grenouille den Tag, um nach Mitternacht zu einem Feuer zu gehen, um das sich das Gesindel von Paris – Diebe, Mörder, Messerstecher – versammelt hat.

Grenouilles letzter Täuschungsakt und seine Folgen: ein Mord aus Liebe

Als Grenouille sich mit seinem Parfum „über und über" besprenkelt, stehen die „Desperados" plötzlich vor einem „Engelsmenschen", von dem ein „rabiater Sog" ausgeht, eine „reißende Ebbe" (Parfum, S. 318 f.).

In einem kannibalischen Akt wird Grenouille getötet, in dreißig Teile zerlegt und gefressen.

Nach der Mahlzeit ist die Mördergesellschaft zunächst ein wenig verlegen, aber ohne „den geringsten Anflug von schlechtem Gewissen" (Parfum, S. 320). Und auch diese Verlegenheit legt sich bald, die Kannibalen lächeln. „Sie hatten zum ersten Mal etwas aus Liebe getan." (Parfum, S. 320)

***

Das Schlusskapitel des Romans präsentiert uns den „grotesk-makabren Höhepunkt"[67] in Grenouilles Leben und offenbart gleichzeitig noch einmal die gesamte Tragik seiner Existenz.
Grenouilles Selbstreflexion führt ihn zu der Erkenntnis, dass er – trotz (oder wegen) seiner Genialität – immer ein Einsamer wird sein müssen. Nie wird er sich riechen können. Grenouille weiß, dass er ohne sein Parfum nicht wahrgenommen wird, ja nicht existent zu sein scheint.
Bezeichnenderweise registrieren die ansonsten gegen jeden Fremden misstrauischen Desperados vom Friedhof Grenouille zunächst nicht einmal („(...) nahmen sie ihn zunächst gar nicht wahr", Parfum, S. 318), als er sich zu ihnen gesellt. Erst durch sein Parfum scheint er präsent zu werden.
Grenouille kann sich „(...) an seiner Übermenschwerdung gar nicht freuen, weiß er doch, daß er nur ein geschickter Geruchsfälscher ist, der sich die göttlich riechende Aura nur angemaßt hat, um sein steriles Unmenschentum loszuwerden. Aus Selbsthaß und Selbstekel sucht er den Tod (...)."[68]
Grenouilles Biografie endet in doppelter Weise an ihrem Ausgangs-Punkt.

Grenouilles doppelte Rückkehr

Grenouille kehrt räumlich und in seiner Persönlichkeitsentwicklung zum Ort seiner Geburt zurück. Mit dem „allerstinkend-

67 N. Höpfner, in: Die Presse
65 Annette Meyhöfer, in: Vorwärts

sten Ort" von Frankreich als Schauplatz des kannibalischen Abendmahls fallen Geburts- und Todesstätte in eins.[69]
Und Grenouille kehrt zu sich selbst zurück, zu dem schon im Mutterleib verhassten Grenouille. Er hat erkannt, dass er immer der Verstoßene, der Ungeliebte, der ewig Isolierte sein wird. Sein (von ihm selbst provozierter) Tod ist somit kein Opfer, sondern Befreiung und Erlösung. Und Verklärung.
Grenouille löst sich auf – und das ist die letzte Paradoxie des Romans – und wird gleichzeitig verinnerlichter Teil der Menschheit. Was bleibt, ist die Erinnerung an ein Parfum – an sein Parfum.

2.4.2 Grenouille – das Monster

Einen „Auswurf der Hölle" nennt Wolfram Schütte Süskinds Grenouille.[70] Und tatsächlich ist der Protagonist des Romans mit Merkmalen, Verhaltensweisen und Eigenschaften ausgestattet, die für mindestens zehn Figuren aus einem literarischen oder auch trivialen Horrorkabinett(-stückchen) gereicht hätten. Was da zwischen Fischgekröse mit dem Fischmesser von seiner Mutter abgenabelt wird, nur um den Tod zu erleiden, aber

69 Grenouilles „Abschlachtung" erinnert an die Ermordung des Pentheus durch die Bakchen. Auch diese formieren einen Kreis um Pentheus, bevor sie ihn in Stücke reißen (vergl. Euripides, *Die Bakchen,* Stuttgart 1968, S. 43 f.).
Wenn der Erzähler, nicht ohne zynischen Zungenschlag, vermerkt, ein Menschenkörper sei nicht leicht zu zerreißen, selbst Pferde hätten dabei „die größte Mühe" (vergl. Parfum, S. 319), so scheint dies eine Anspielung auf die Schilderung der Hinrichtung des Mörders Damiens am 2. 3. 1757 zu sein, mit der Foucault sein Werk „Überwachen und Strafen" einleitet. Damiens wurde u. a. dazu verurteilt, von Pferden gevierteilt zu werden. Dies gelang aber erst, nachdem der Scharfrichter und ein Gehilfe mit Messern die Schenkel des Verurteilten von seinem Rumpf trennten (vergl. Foucault, S. 11).
Und dass der „omnipotente Gott" bei diesem düsteren Nachtmahl verspeist wird, kann sicher auch als makabres Wörtlichnehmen der Sätze Jesu verstanden werden: „Nehmet, esset, das ist mein Leib." (Matthäus 26/26)

70 W. Schütte, in: Frankfurter Rundschau

aus reinem Trotz am Leben bleibt, gleicht zunächst in seiner ganzen Existenz mehr einem Tier als einem Menschen.

Grenouille – ein Nasenmensch

Das Kind scheint mit den Nüstern zu sehen, es riecht Menschen ab, es verschlingt alles mit seiner Nase. Die Nase übernimmt Funktionen der Wahrnehmung, die beim Menschen über Auge und Ohr ablaufen. Die Augen dagegen sind keine Menschenaugen, sondern von „unbestimmter Farbe, zwischen austern-grau und opal-weiß-cremig, von einer Art schleimigem Schleier überzogen und offenbar noch nicht sehr gut zum Sehen geeignet." (Parfum, S. 22) Grenouille, so stellt Pater Terrier fest, ist ein „feindseliges Animal" (Parfum, S. 24).

Die „animalischen" Verhaltensweisen behält auch der Knabe bei, der als Gehilfe des Gerbers Grimal die große Stadt Paris durchstreift und eine mehr „tierische() als menschliche() Existenz" fristet (vergl. Parfum, S. 42). Grenouille wird von „Jagdlust" gepackt, um Gerüche aufzunehmen, er erweitert sein „Jagdgebiet", er durchstreift Paris „(...) mit geschlossenen Augen, halbgeöffnetem Mund und geblähten Nüstern, still wie ein Raubfisch (...)" (siehe Parfum, S. 43–50).

Und auch nach dem ersten Mord, nach dem Grenouille seinen Prozess der Entwicklung und Selbstreflexion beginnt („(...) denn bisher hatte er bloß animalisch existiert in höchst nebulöser Kenntnis seiner selbst." Parfum, S. 57), legt er die animalischen Seiten seiner Persönlichkeit nicht völlig ab. Auf der Reise Richtung Grasse ist ihm die Nase der Kompass. Er wandert oft in der Nacht, weil ihn das „Sehen mit den Augen" schmerzt. Er nimmt die Gerüche der Menschen auf wie ein Hund eine Fährte und, am Plomb du Cantal angekommen, lässt er den „Blick seiner Nase" über das Land streifen (Parfum, S. 151 u. 153).

Grenouille – Verkörperung des Bösen

Von Geburt an erscheint das Animal Grenouille den Menschen als die Verkörperung des Bösen. Er kommt bereits ungeliebt und stigmatisiert auf die Welt. Noch bevor er – nach vielen Morden und wirklich zum Monstrum geworden – juristisch verurteilt wird, ist er bereits als Mensch abgeschrieben und zum Außenseiterdasein verurteilt worden. Denn ihm fehlt die spezifische Eigenschaft des Menschen, der Eigengeruch, und damit steht das Urteil über ihn fest: „Er ist vom Teufel besessen." (Parfum, S. 14)

2.4.3 Grenouille – der Teufel und Dämon

Die ihm zugeschriebene Rolle der Verkörperung des Bösen füllt Grenouille aufgrund seiner körperlichen Erscheinung, seiner Charaktereigenschaften sowie seiner Fähigkeiten und Verhaltensweisen aus.

Grenouille – eine teuflische Erscheinung

Sein Erscheinungsbild ist durch körperliche Entstellungen gekennzeichnet. Grenouilles Körper weist Narben, Schrunde und Grind auf; hinter dem Ohr, am Hals und den Wangen hat er, als Folge des Milzbrandes, von den großen schwarzen Karbunkeln hervorgerufene Narben; er hat einen Buckel, und sein verkrüppelter Fuß lässt ihn hinken.[71]

Körperliche Resistenz

Doch nicht nur seine Erscheinung macht ihn den Menschen unheimlich. Grenouille verfügt über eine ungewöhnliche Kombination von Fähigkeiten. Er ist körperlich äußerst resistent, übersteht nicht nur die schwersten Krankheiten (Masern, Windpocken, Ruhr, Cholera, die Gerberkrankheit Milzbrand), sondern überlebt

71 Somit erscheint er uns als eine Mischung aus Mephisto, dem Glöckner von Notre-Dame und einem Monster aus dem Labor von Frankenstein.

auch einen Sechsmetersturz in einen Brunnen, Verbrühungen mit kochendem Wasser sowie mehrere Mordanschläge der Mitbewohner im Heim der Madame Gaillard.
Hinzu kommt seine absolute Genügsamkeit. Er vermag sich von wässrigen Suppen, verdorbenem Fleisch, faulem Gemüse und dünnster Milch zu ernähren. Weder körperliche Züchtigungen noch völliger Essensentzug beeindrucken Grenouille; Hunger und Schmerzen scheint er nicht zu kennen.

Spätes Sprechen

Unterentwickelt, gemessen an den Gleichaltrigen im Heim der Madame Gaillard, sind sein Spracherwerb und sein Sprachvermögen. Erst relativ spät fängt er an zu sprechen, sein Wortschatz ist, beginnend mit dem Wort „Fische", zunächst auf konkrete Dinge beschränkt und an Gerüche gebunden bzw. wird durch die olfaktorische Erfassung seines Lebensumfeldes bestimmt. Abstrakte Begriffe behält er nicht oder verwendet er falsch. Das Schreiben und das Lesen sind ihm zeitlebens relativ fremd.
Grenouilles wahre Genialität, das Erfassen, Speichern und Kombinieren von Gerüchen, bleibt seinen Mitmenschen verborgen, sie sehen nur die für die „Normalen" verblüffenden Ergebnisse dieser Genialität und führen sie auf „übernatürliche" Kräfte zurück, die einem Pakt mit dem Teufel geschuldet sind.
So wird angenommen, dass er das zweite Gesicht hat, weil er z. B. Besucher schon lange vor ihrem Eintreffen ankündigt, weil er das sorgfältig versteckte Geld Madame Gaillards findet, weil er weiß, dass eine Raupe im Blumenkohl ist, bevor der Kopf zerteilt ist, und weil er sich ohne Kerze sicher im Keller orientieren kann und vor der Dunkelheit keine Angst hat. Dass dies alles seinem olfaktorischen Vermögen geschuldet ist, ahnen die anderen Kinder und Madame Gaillard nicht.
Auch Grenouilles Verhaltensweisen befremden seine Mitmen-

schen. Menschlicher Wärme scheint er nicht zu bedürfen, er selbst strahlt Kälte ab. Er lebt isoliert von den anderen Kindern im Heim, nur in sich zurückgezogen.
Er gibt an seine Umwelt nichts ab „als seinen Kot" (Parfum, S. 29). Er führt die Existenz eines „resistenten Bakteriums" (Parfum, S. 27). Er ist Grenouille, der „Zeck".

2.4.4 Grenouille – der Zeck

Grenouille wird, um sein Äußeres und seinen Charakter zu beschreiben, immer wieder mit Tieren verglichen, die eher negativ besetzte Assoziationen wecken und unangenehme Gefühle im Menschen wachrufen (Ekel, Unheimliches).
So wird Grenouille etwa im 14. Kapitel als „Kröte" und „schwarze Spinne" bezeichnet, seine Wesensart als „schlangenhaft" charakterisiert. Auf den animalischen Wesenszug Grenouilles verweisen auch Verben wie zischeln, verharren, krächzen, lauern und schnarren, die seine Lebens- und Sprechweise beschreiben und eher Ablehnung hervorrufen.

Das Bild vom Zeck

Als dominanter Vergleich kann das Bild vom „Zeck" angesehen werden, das sich durch den gesamten Roman zieht und Grenouilles zweite Existenzebene verdeutlicht.[72] Dabei ist der Hinweis auf den „zeckischen" Charakter Grenouilles immer mit besonderen, zum Teil existenziellen Momenten in Grenouilles Leben oder mit neuen Lebensabschnitten verbunden.
Zum ersten Mal taucht der Hinweis auf den „Zeck" Grenouille im vierten Kapitel des Romans auf, das Grenouilles Leben im Heim von Madame Gaillard schildert. Eine Zecke wird hier als zäh, still, resistent und genügsam beschrieben, als ein

72 Heinz Dörfler bezeichnet den Zeck-Vergleich als das „zentrale Symbol" des Romans (H. Dörfler, S. 128).

Animal, das von nur einem Blutstropfen leben kann, den es vor Jahren erbeutet hat.
Eine Zecke, so erfahren wir weiter, ist hässlich, grau und klein, unansehnlich, einsam, blind, stumm, taub, dabei aber stur, bockig und zäh. Das Tier bietet durch seine Kugelform die geringstmögliche Angriffsfläche, ist zu einem immerwährenden Überwintern fähig, wittert nach dem Blut von Tieren, die sich ihm nähern und die es aus eigener Kraft nicht erreichen könnte, um sich im richtigen Moment, wenn das Opfer sich unter dem Baum befindet, auf dem die Zecke sitzt, auf das Tier fallen zu lassen und sich in dessen Fleisch zu bohren. „So ein Zeck", erfahren wir, „war das Kind Grenouille." (Parfum, S. 29)
Die Gemeinsamkeiten zwischen der Existenzweise einer Zecke und dem Leben Grenouilles sind augenfällig. Beide halten sich im Hintergrund, leben zurückgezogen und unauffällig, halten ihre eigenen Interessen zurück, bis der (instinktiv erfasste) Zeitpunkt kommt, diesen Interessen nachzugehen (Grenouille lebt in sich verkapselt, wartet auf bessere Zeiten, zeigt keine Gefühle, keine seelische Regung und gibt an seine Umwelt nur seinen Kot ab; (vergl. Parfum, S. 29)).
Für Grenouille kommt der Zeitpunkt, den eigenen Interessen nachzugehen, während seines Lebensabschnitts als Gehilfe des Gerbers Grimal. Bereits bei der ersten Begegnung erfasst Grenouille instinktiv, dass Grimal bereit ist, ihn wegen einer Kleinigkeit totzuschlagen („(...) mit dem ersten witternden Atemzug, den er von Grimals Geruchsaura eingesogen hatte, wußte Grenouille (...)"; Parfum, S. 40). Und so entscheidet sich der Zeck Grenouille dazu, sich ganz in sich zu verkapseln, um auf „zeckenhafte Manier die Epoche der bevorstehenden Eiszeit zu überdauern: zäh, genügsam, unauffällig, das Licht der Lebenshoffnung auf kleinster, aber wohl behüteter Flamme haltend." (Parfum, S. 41)

Dass das Leben Grenouilles dem einer Zecke gleicht, wird am Ende des 6. Kapitels ebenfalls verdeutlicht. Grimal gesteht seinem Gerbergehilfen einige Freiheiten zu. Grenouille nutzt die freie Zeit, um das Geruchsrevier Paris zu erobern: „Die Zeit des Überwinterns war vorbei. Der Zeck Grenouille regte sich wieder. Er witterte Morgenluft. Die Jagdlust packte ihn." (Parfum, S. 43)

Bis zum 14. Kapitel wird der Vergleich Grenouilles mit dem Zeck nicht mehr verwendet. Beibehalten werden allerdings andere Verweise auf Grenouilles animalischen Charakter.

Das Bild vom Zeck taucht wieder auf, als ein neuer Lebensabschnitt Grenouilles beginnt, nämlich seine Zeit bei Baldini. Als Grenouille den Laden des Parfumeurs betritt, weiß er, dass nun seine Chance gekommen ist, das Parfumeurhandwerk zu erlernen: „Der Zeck hatte Blut gewittert. Jahrelang war er still gewesen, in sich verkapselt, und hatte gewartet. Jetzt ließ er sich fallen auf Gedeih und Verderb, vollkommen hoffnungslos. Und deshalb war seine Sicherheit so groß." (Parfum, S. 90)

Und in der ersten Nacht im Hause von Baldini rollt sich Grenouille „wohlig zusammen" und macht „sich klein wie der Zeck." (vergl. Parfum, S. 114)

Der nächste Hinweis auf Grenouilles „zeckische" Existenz erfolgt erst wieder, als er in eine neue Phase seines Lebens getreten ist. Während seines Aufenthalts in der Höhle im Plomb du Cantal entfernt sich Grenouille immer weiter von allem, was ein menschliches Leben ausmacht. Er gibt sich seinen Traumräuschen hin, lebt in der Welt seiner Phantasmagorien. So sehr nimmt er eine eigentlich animalische Existenz an, dass ihm die Relikte notwendiger menschlicher Verhaltensweisen (Nahrungsaufnahme, Verrichtung der Notdurft) und das damit verbundene Verlassen seiner Rauschzustände nahezu körperlichen Schmerz, vor allem aber seelische

Not bereiten („Grenouille, der Zeck, war empfindlich geworden wie ein Krebs, der sein Muschelgehäuse verlassen hat und nackt durchs Meer wandert." Parfum, S. 168) Der Widerspruch in Grenouille – sich vom Leben der Menschen weitestmöglich entfernt zu haben, aber doch immer wieder auf eine menschliche Existenzweise zurückgeworfen zu sein – äußert sich hier im Paradoxon vom „empfindlichen" Zeck.

Ein Paradoxon kennzeichnet auch die nächste Verwendung des Zeck-Vergleichs. Wieder ist Grenouille in einer neuen Phase seines Lebens. Die Zeit bei de la Taillade-Espinasse liegt hinter Grenouille, der mittlerweile bei Madame Arnulfi in Grasse arbeitet und Laure Richis Duft für sich entdeckt hat.

Als sich Grenouille aufmacht, um ein zweites Mal Laures Duft zu „erwittern", und er an der Mauer ihres Hauses steht, wird er von einem rein menschlichen Gefühl erfasst: „Wahrhaftig, Grenouille, der solitäre Zeck, das Scheusal, der Unmensch Grenouille, der Liebe nie empfunden hatte und Liebe niemals inspirieren konnte, (...) war zutiefst beglückt von seiner Liebe." (Parfum, S. 242)

Zeigt sich das Paradoxe einmal darin, dass die ja eigentlich völlig genügsame und unempfindliche Zecke „empfindlich wie ein Krebs" geworden ist, so besteht es nun darin, dass das gefühlskalte, rein animalisch existierende Wesen ein genuin menschliches Gefühl, die Liebe nämlich, entwickelt (wenn es auch nicht die Liebe zu dem Menschen Laure ist, sondern nur zum Duft des Mädchens).

Ein letztes Mal findet der Vergleich des Protagonisten mit einer Zecke Verwendung, als sich Grenouille in einer existenziellen Krise, an einem Scheideweg befindet. Ihm wird klar, dass er Laures Duft wird verlieren müssen, wenn sein Vorrat verbraucht ist. Für einen Moment überlegt Grenouille, seine Pläne aufzugeben und in die Höhle im Plomb du Cantal zu-

rückzukehren, um sich dort zu Tode zu schlafen (vergl. Parfum, S. 243 f.).
„Der Zeck Grenouille, vor die Wahl gestellt, in sich selbst zu vertrocknen oder sich fallen zu lassen, entschied sich für das zweite, wohl wissend, dass dieser Fall sein letzter sein würde." (Parfum, S. 244)
Hier gibt der Vergleich vom „letzten Fall" des Zecks Grenouille einen deutlichen Hinweis darauf, dass Grenouille in die entscheidende (und gleichzeitig auch letzte) Phase seines Lebens eintritt. Mit einem klaren Ziel vor Augen, nämlich den Duft Laures in einem Jahr zu ernten, ihn in ein Duftdiadem einzufassen und so das absolute Parfum zu schaffen, schiebt Grenouille seine Zweifel beiseite und macht sich ans Werk. Er ahnt nicht, dass er sein Ziel erreichen wird und sich gerade dadurch seine Existenz als sinnlos erweisen wird.
Bis zum Ende des Romans taucht der Zeck-Vergleich nun nicht mehr auf. Vielleicht, weil das Bild ausgereizt ist (es wird ja in der gesamten zweiten Hälfte des Romans überhaupt sparsam verwendet). Vielleicht aber auch, weil Grenouille im Laufe seiner Entwicklung, je mehr der Prozess seiner Zivilisation und Sozialisation Fortschritte macht, immer „menschenähnlicher" wird, da er sich zu einem „nützlichen Mitglied" der Gesellschaft entwickelt und sich ihre Konventionen angeeignet hat (bis hin zur Kleidung und einem, wenn auch künstlichen, Menschengeruch). Das Bild vom Zeck wird somit seiner „Menschenexistenz" auch nicht mehr (voll) gerecht. Der Verzicht auf das Bild vom Zeck entspricht damit Grenouilles Entwicklungsprozess.
Seinen Mördern erscheint er ja nicht mehr als Zeck, als Animal. Nicht einmal mehr als Mensch. Für sie ist er ein „Engelsmensch", ein „Engel" (vergl. Parfum, S. 319 f.).

2.4.5 Grenouille – der Mörder und Künstler

„Seit Jack the Ripper ist der Serienmörder eine mythische Figur unserer Zivilisation geworden. Er verkörpert den Einbruch irrationaler Grausamkeit in die Routine und Ordnung des Alltags."[73]

Wenn der Untertitel des Romans *Das Parfum* lautet: *Die Geschichte eines Mörders,* so kommt damit nicht nur eine Information sachlich daher, sondern es werden auch Erwartungen geweckt, denn der Roman wird damit gleichzeitig in eine literarische Tradition eingereiht: die der Krimis, der Detektivgeschichte, des Thrillers.[74]

Krimielemente

Süskinds Roman steht aber nicht nur in der Tradition eines Genres, mit dem der Roman gleichzeitig wiederum spielt, sondern auch neben zwei weiteren Welterfolgen der jüngsten Zeit, nämlich Umberto Ecos Roman *Der Name der Rose,* der als „Klosterkrimi" mit einer in der Tradition der klassischen Detektive stehenden Hauptfigur, dem Mönch William von Baskerville, international Furore gemacht hat, und Thomas Harris' *Schweigen der Lämmer* mit dem faszinierenden und scharfsinnigen Scheusal Hannibal Lecter (Hannibal der Kannibale) und dem Serienmörder „Buffalo Bill".[75] Der internationale Erfolg dieser drei

---

73 G. Mayr/M. Lindner, *Der Killer mit Charisma: Zum Motiv des Serienmörders im Thriller.* In: WAZ v. 28. 4. 93, wts 64

74 siehe zum Genre Krimi u.a. Alfred C. Baumgärtner, *Krimi.* In: Praxis Deutsch 44/80, Seelze 1980, S. 7–14 und Bernd Matzkowski, *Die Wandlung der Detektivfigur.* In: Praxis Deutsch, 44/80, S. 53–56

75 Ecos Mönch (William von Baskerville) knüpft nicht nur mit dem Namen an Conan Doyles berühmte Detektiv-Geschichten an (von denen eine ja bekanntlich *Der Hund von Baskerville* heißt), sondern hat auch die analytischen Fähigkeiten und das umfassende Wissen eines Sherlock Holmes. Wie Holmes in Dr. Watson seinen (mit einem Alltagsverstand ausgestatteten) Adlatus hat, so hat William diesen Begleiter in dem Ich-Erzähler, in dem ihn begleitenden Novizen Adson (Ecos Roman *Der Name der Rose* soll hier nicht auf das Krimi-Genre reduziert werden; vielmehr geht es darum, dass auch in Ecos Roman mit Motiven eines Genres gespielt wird). Thomas Harris' Hannibal Lecter ist, wie Grenouille, mit einem außerordentlich fein entwickelten Geruchssinn ausgestattet: „Sie benutzen Evyan-Hautcreme, und manchmal tragen Sie L'Air du Temps, aber nicht heute. Heute sind Sie entschieden unparfümiert."(...) „Wie haben Sie von dem Parfüm gewusst?" „Ein Hauch aus Ihrer Tasche, als Sie ihre Karte herausholten." (Thomas Harris, *Das Schweigen der Lämmer,* München 1991, S. 24)

mörderischen Geschichten macht das aktuelle Leserinteresse am Finsteren, Unheimlichen, am Gewalttätigen, an den dunklen Seiten unserer Existenz überhaupt deutlich.
Obwohl Grenouille es ja immerhin auf insgesamt 26 Morde bringt und damit einen Jack the Ripper weit übertrifft und obwohl er Seiten aufweist, die in der wissenschaftlichen Literatur als typische Merkmale für Serienmörder gelten, begleiten ihn die Leser, und das ist sicher eine Absicht des Romans, durchaus nicht (nur) mit Distanz.[76] „Grenouilles Charakter ist so angelegt, dass beim Leser Emotionen sehr unterschiedlicher Art (Abscheu und Hass, Mitleid und Bewunderung) geweckt werden."[77]

Der sympathische Mörder

Woraus speisen sich aber die (offenen oder auch nur verdeckten) Sympathien für einen 26fachen Mörder? Wie gelingt es, dass wir „Leser zu ängstlich gespannten Komplizen eines Mörders" werden?[78] Grenouilles Außenseiterdasein spielt dabei wohl eine Rolle. Er ist ja nicht nur Täter, sondern auch Opfer. Ein von der Gesellschaft, ihren Institutionen und Individuen stigmatisierter und geschädigter Einzelgänger, der sich unseres Mitleids sicher sein kann, wenn er verfolgt und ausgebeutet, geschunden und verachtet wird. Der Böse ist böse in einer bösartigen Gesellschaft. Denn alle anderen, die nämlich, denen er begegnet, sind voller Hass und Eigennutz, ohne moralische und sittliche Skrupel, beuten ihn aus, benutzen ihn, lassen ihn unter un-

76 siehe hierzu Ulrich Genzler, *Kill for Fun – dem Serienmörder auf der Spur.* In: Schwarze Beute 7 (Hrsg. R. Rendell); Reinbek 1992, S. 157 ff. Genzler referiert Ergebnisse von FBI-Untersuchungen. Danach spielen z. B. Habgier und Leidenschaft im herkömmlichen Sinne zumeist keine Rolle, dafür aber archaische Waffen. Täter und Opfer kennen sich nicht, der Täter wird nicht provoziert. Der Täter lebt zurückgezogen oder sogar als „netter Nachbar" von nebenan. Die seelische Entwicklung der Serienmörder ist oft durch eine gestörte Mutterbeziehung und eine fehlende Vaterfigur gekennzeichnet (vergl. Genzler, S. 161–163). Man wird die genannten Faktoren und Umstände unschwer auf Grenouille beziehen können.

77 Norbert Berger, S. 60

78 Joachim Kaiser, in: Süddeutsche Zeitung

würdigen Bedingungen existieren oder nehmen sogar seinen Tod in Kauf.
Hinzu kommt, dass Grenouille ein „stiller", ein „sanfter" Mörder ist.[79] Seine Mordnächte sind eher Andachten, stillen, weihevollen Feiern vergleichbar (er ruht nach getanem Werk, neben seinen Opfern sitzend, in sich gekehrt, fast meditativ) und haben nichts mit den Ausbrüchen von Gewalt und den inszenierten Massakern zu tun, wie sie uns bei anderen (literarischen) Serientätern begegnen (vergl. Das Parfum, S. 275).[80]
Zudem sind Grenouilles Morde frei von jeglichem sexuellen Aspekt. Schon beim ersten Mord in Paris, der noch am ehesten einem spontanen Getriebensein folgt und nicht exakt geplant ist wie die Morde in und um Grasse, ist Grenouille „(...) vollkommen unlüstern. Er besitzt kein Gran ‚Männerfantasie', hat nichts, was sich sexuell begreifen ließe, hat alles, was er hat, nur im olfaktorischen, im Nasen-Sinn."[81] Annette Meyhöfer schreibt im Zusammenhang mit Grenouilles erstem Mord, es handele sich hierbei um eine „erotische Novität: eine Vergewaltigung, begangen mit der Nase, denn der mörderische Lüstling Grenouille liebt nichts als den Duft seines jungfräulichen Opfers, er tötet es, um es ‚welkzuriechen'."[82]

---

79 Grenouille hasst das Geräusch des Schlages auf den Kopf seiner Opfer! Nur mit zusammengebissenen Zähnen und in verkrampfter Haltung kann er die Phase nach dem „ekelhaften Geräusch" überstehen, bis eine Stille einkehrt.

80 Als Beispiel sei auf Bret Easton Ellis' (in den USA äußerst kontrovers diskutierten) Roman *American Psycho* verwiesen, dessen Ich-Erzähler Patrick Bateman sich in exzessive Metzeleien hineinsteigert. (Bret Easton Ellis, *American Psycho,* Köln 1993)

81 G. Stadelmeyer, in: Die Zeit

82 A. Meyhöfer, in: Vorwärts. Thomas Harris gestaltet mit seinem „Buffalo Bill" ebenfalls einen Mörder, der kein sexuelles Interesse an seinen weiblichen Opfern hat. Die Frauen dienen „Bill" als Lieferantinnen von Haut, wie sie Grenouille als Lieferantinnen ihres Duftes dienen.
Grenouille hat ja nicht nur kein Interesse sexueller Art an seinen Opfern, er ist überhaupt ein Wesen ohne Sexualleben. Lediglich in den Omnipotenzträumen während seiner Zeit im Plomb du Cantal gibt es Anklänge sexueller Fantasien, wenn Grenouille sich vorstellt, dass Land sei mit seinem „göttlichen Grenouillesamen durchtränkt." (Parfum, S. 161)

Der Mörder als Künstler und tragische Figur

Die körperliche Distanz zwischen Grenouille und den Opfern wird nach dem ersten Mord verstärkt. Benutzt Grenouille bei dem Mord in Paris noch seine Hände, um das Mädchen zu erwürgen, erschlägt er die Mädchen in Grasse mit einer Art Totschläger („Keule") und vermeidet so gut wie jeden Körper (Haut-)Kontakt. Das „Ernten" des Duftes erinnert, durch die Sprache bewusst provoziert, eher an die präzise Handwerksarbeit eines Bäckers als an die Untat, die es ja eigentlich ist (vergl. Parfum, S. 275 f.).

Dass wir geneigt sind, Grenouille nicht eindeutig zu verurteilen, sondern mit ihm sympathisieren, hat seinen Grund wohl auch darin, dass er uns als Künstler begegnet, der von dem Wunsch geleitet wird, ein einmal gestecktes Ziel zu erreichen, und der sich nicht mit Mittelmäßigkeiten zufrieden gibt, wie Baldini etwa, sondern nach der höchsten Vollkommenheit seines Werkes strebt. Und er erscheint uns doch eher als tragische Figur, weil die Schöpferkraft an Zerstörung und die geniale Tat an Mord gebunden ist, oder, etwas salopper formuliert: „Man bangt mit dem zielbewusst seinen Plan ausführenden Grenouille wie mit einem indianischen Skalp-Jäger, der halt die Kopfhäute gewiss bedauernswerter Gegner sammelt."[83]

Grenouille ist allerdings kein Künstler auf dem Gebiet der Malerei, der Musik oder der Literatur, sondern sein künstlerisches Schaffen richtet sich auf die Welt der Düfte, die von keiner anderen Kunstgattung erfasst wird: Duft ist nicht bildlich darstellbar, nicht akustisch vermittelbar, und – wie der Erzähler sagt – kaum beschreibbar, ergreift aber gleichwohl unmittelbar den Menschen über das Sinnesorgan Nase. Grenouilles Ziel ist es, den absoluten Duft zu schaffen. Und

83 J. Kaiser, in: Süddeutsche Zeitung

dieses Ziel verfolgt er unbeirrbar, beharrlich, aber auch ohne moralische Skrupel. Als Parfumeur ist Grenouille eigentlich Handwerker, aber als Schöpfer von Düften ist er Künstler. Und als Künstler ist er Genie – wie sein Leben wohl nicht zufällig in die Zeit des Sturm und Drang und somit auch die Genieperiode gelegt ist. Grenouille bezieht sich deshalb auch auf den goetheschen Prometheus, der sich gegen Gott auflehnt und Menschen nach seinem Bilde schafft, stellt sich aber gleichzeitig über Prometheus („Er war noch größer als Prometheus", Parfum S. 304). Der von Natur aus geruchlose Grenouille erschafft mit seiner Duftaura im Grunde erst sich selbst und verschafft sich zugleich absolute Macht über die Menschen, die ihm – wie einem Gott – ergeben sind und die ihn verehren, so wie ein Popstar von hysterischen Fans verehrt wird. Sein absoluter Duft bedeutet absolute Macht, aber genau diese absolute Macht wirft ihn auf sich selbst zurück, weil die Menschen ja nicht ihn lieben, sondern seine künstliche Aura. Er ist der Einsame in der Masse, die er verachtet, oder anders: er ist der Pop-Star, den es vor seinen Fans ekelt. Sein „Kunstwerk" ist zudem nicht von Dauer; zum Wesen des Duftes gehört seine Flüchtigkeit; der absolute Duft ist nicht von Beständigkeit, erst recht nicht von Ewigkeit; das Absolute erweist sich als relativ.[84]

Die bisher genannten Facetten der Persönlichkeit des Mörders Grenouille mögen ihren Teil dazu beitragen, dass die Leser dem Protagonisten des Romans mit durchaus gemischten, wenn nicht sogar positiven Gefühlen gegenüberstehen. Es gibt aber wohl auch Gründe für die Sympathie mit Grenouille, die mit den Lesern selbst zusammenhängen, mit ihrer (also unserer) Psyche. Ulrich Genzler ist bei der Beantwortung der Fra-

---

84 Frizen und Spancken gehen ausführlich auf die Künstler-Thematik, die Parodie des Genres „Künstlerroman" durch Süskind und die Bedeutung von E. T. A. Hoffmanns *Das Fräulein von Scuderi* für den Roman Süskinds ein (S. 50 ff).

ge nach der Faszination, die von Serienmördern (als Filmheld oder Bestseller-Protagonist) ausgeht, zu folgendem Ergebnis gekommen: „Gerade die kenntnisreiche psychologische Auslotung des dämonischen Charakters in der Literatur spielt mit einer Seite unserer Seele, deren Existenz wir nicht wahrhaben wollen und deren Abgründe nur schwer für uns zu fassen sind. Die eruptiven Taten des Serienmörders, die uns wie aus einer fremden Welt erscheinen, rühren an das in uns schlummernde Gewaltpotential. Dabei entsteht ein schillerndes Amalgam aus Angst, Erregung und dem beruhigenden Gefühl, in relativer Sicherheit zu sein. Denn für den wahren Genuss muss eine Bedrohung vorhanden sein, darf aber eine gewisse Grenze der Konkretheit nicht überschritten werden. Wo hingegen der reale Schrecken zu nahe kommt, wird aus dem lustvollen Schauer nackte Angst."[85]

2.4.6 Grenouille und seine Beziehungen zu anderen Figuren des Romans

In allen vier Teilen des Romans geht der Protagonist Sozialbeziehungen ein. Untersucht man den Roman im Hinblick auf die Personenkonstellation, so ergibt sich nicht nur, dass Grenouille eine Hauptfigur ist, die keinen gleichwertigen Gegenspieler, bestenfalls Mitspieler hat, sondern auch, dass die Struktur (die Qualität) der Beziehungen durch ähnliche (teilweise identische) Muster und Verhaltensweisen gekennzeichnet ist. Diese Sozialbeziehungen sind aber Produkt eines wechselseitigen Prozesses; Grenouille spiegelt in seinem Verhalten das zurück, was andere in ihm sehen. Und er spiegelt das Verhalten der anderen ihm gegenüber zurück.

85 U. Genzler, S.180

„Der Mensch braucht offenbar einen Spiegel, in dem er sich selbst anschaut, sonst weiß er nicht, wer er ist, sonst hat er kein Bild von sich selbst. (...) Was andere über uns sagen, prägt tief und gründlich das Bild, das die Welt von uns hat. Ja, noch unheimlicher: Wir sind sogar in unserem eigenen Urteil über uns selbst vom Urteil der anderen abhängig. Wir übernehmen die Rolle, die andere uns zuschreiben, wir werden so, wie sie uns erdichten.“[86]

Grenouille – von Beginn an ungeliebt

Grenouille kommt bereits als ungeliebter Sohn auf die Welt. Seine Mutter will nur, „dass der Schmerz aufhöre“ und deshalb die „eklige Geburt so rasch als möglich hinter sich bringen.“ (Parfum, S. 7 f). Seine Mutter sieht in ihm nur ein blutiges Stück Fleisch, das mit dem Fischgekröse unter ihrem Verkaufstisch mehr Ähnlichkeit hat als mit einem Menschen. Grenouilles erste Erfahrung ist also die der Ablehnung, der Gleichgültigkeit, der mangelnden Fürsorge, des Hasses. Wen wundert es da, wenn der Schrei, mit dem das Neugeborene auf sich aufmerksam macht, kein „instinktiver Schrei nach Mitleid und Liebe“ ist, sondern ein Schrei der Entscheidung „gegen die Liebe und dennoch für das Leben.“ (Parfum, S. 28)

Das Kind kommt in die Obhut von Ammen, die es aber – alle aus dem gleichen Grund – nach wenigen Tagen weiterreichen. Der kleine Grenouille stört das rentable Stillen der Ammen, da er „zu gierig“ ist. Bereits in den ersten Wochen seines Lebens wird Grenouille somit unter dem Gesichtspunkt der ökonomischen Rentabilität beurteilt. Er zählt nicht als Mensch, sondern als Einkommensquelle, als wirtschaftlicher Faktor. Die rasch wechselnden, instabilen und von Seiten der

86 H. C. Knuth, *Verstehen und Erfahrung*, Hannover 1968, S. 7 f, zitiert nach H. Dörfler, S. 119

Bezugspersonen auf mangelnder Liebe und Ablehnung gegenüber dem Kind beruhenden Sozialbeziehungen verhindern zwangsläufig die Herausbildung eines Urvertrauens bei Grenouille. Die Ablehnung, den Hass, den bereits der kleine Grenouille verspürt, wird er stets in sich tragen und an seine Mitmenschen zurückgeben.[87]
Die letzte der Ammen, Jeanne Bussie, gibt aus dem gleichen Grund wie ihre Vorgängerinnen bereits nach wenigen Wochen den kleinen Grenouille in die Obhut von Pater Terrier, verbindet aber die Aufkündigung des Ammenverhältnisses mit einer Stigmatisierung des Kindes („Er ist vom Teufel besessen!"), was die Amme auf den fehlenden Körpergeruch des Kindes zurückführt. Pater Terrier, zwischen Seelsorgersyndrom, Standesdünkel gegenüber der Amme und leichten Anflügen von Vatergefühlen schwankend, erkennt in Grenouille, nach dessen ersten Regungen, nur noch ein „feindseliges Animal", ein „fremdes, kaltes Wesen", das einer „Spinne" gleicht (Parfum, S. 24).[88]
Ein rascher Wechsel der Bezugspersonen und ein Gleichmaß an Ablehnung bestimmen die ersten Lebenswochen und Monate Grenouilles. Erst bei Madame Gaillard werden die Sozialbeziehungen Grenouilles stabiler – allerdings auf der Basis absoluter Gefühlskälte. Madame Gaillards „vollkommene

87 „Ob ich liebevoll, vertrauensvoll, aufgeschlossen und neugierig auf dieses Leben zugehe oder verschlossen, misstrauisch und wenig liebesfähig, das entscheidet sich an meinen frühkindlichen Erfahrungen. Wie mein Urvertrauen, so mein ganzes Leben." Knuth, zit. nach Dörfler, S. 118)

88 Wenn es über Pater Terrier heißt, er sei ein gebildeter Mann und habe nicht nur „Theologie studiert, sondern auch die Philosophen gelesen" und sich mit Botanik und Alchemie beschäftigt, so mag dies durchaus als parodistisches Spiel mit dem Faust-Monolog gelesen werden, in dem Faust von sich sagt:
„Habe nun, ach! Philosophie,
Juristerei und Medizin
und leider auch Theologie
durchaus studiert, mit heißem Bemühn"
(*Faust I*, V. 354–357); vergl. hierzu auch J. Ryan, S. 98

Emotionslosigkeit" korrespondiert mit einem „gnadenlosen Ordnungs- und Gerechtigkeitssinn" (Parfum, S. 26), was Grenouille „gedeihen" lässt („Hier aber, bei dieser seelenarmen Frau gedieh er." Parfum, S. 27).

Auf die ihm entgegengebrachte Gefühlskälte reagiert Grenouille mit einer absoluten Abkapselung gegen seine Mitmenschen, er wird zum „Zeck". Diese Entwicklung ist eine Reaktion auf die Haltung der Kinder im Heim gegenüber dem absonderlichen Fremden, der ihnen die Verkörperung alles Bösen zu sein scheint, obwohl er, „objektiv gesehen, gar nichts Angsteinflößendes" (Parfum, S. 31) an sich hat. Er ist „zwar hässlich, aber nicht so extrem hässlich, dass man vor ihm hätte erschrecken müssen." Grenouille ist „nicht aggressiv, nicht link, nicht hinterhältig", er „provoziert nicht." (Parfum, S. 31) Ablehnung und Hass, denen Grenouille sich ausgesetzt sieht, kulminieren in den mehrfachen Mordversuchen seiner Mitbewohner im Heim, die somit das Böse, das sie auf ihn projizieren, selbst verkörpern! Die Ablehnung des Anderen, des Fremden lässt sie zu (potenziellen) Mördern werden.

Grenouille als Projektionsfläche

Für 15 Franc übergibt Madame Gaillard den Achtjährigen dem Gerber Grimal, wobei Madame Gaillard den Tod Grenouilles als Folge der im Arbeitsprozess eingesetzten ätzenden und giftigen Substanzen wissentlich in Kauf nimmt.

Bei Grimal erst wird aus Grenouille, dem „Animal" (Terrier), ein animalisches Geschöpf – aber Grenouille wird dazu gemacht. Denn Grimal erweist sich als roher, unmenschlicher Ausbeuter allerschlimmster Sorte, der jederzeit bereit ist, den Knaben „zu Tode zu prügeln" (Parfum, S. 41), und ihm eine mehr tierische als menschliche Existenz aufnötigt (vergl. Parfum, S. 42). Die extremsten Auswüchse der Ausbeutung mildert Grimal erst, als Grenouilles ökonomischer Wert, nach überstandenem Milzbrand, steigt. Seine Arbeitskraft lässt sich nun noch besser ausbeuten.

Verbesserung der Lebenssituation

Mit dem Wechsel zu Baldini verbessern sich die Lebensbedingungen Grenouilles zwar, aber dies nur deshalb, weil Baldini erkennt, wie wertvoll der Junge in ökonomischer Hinsicht für ihn ist. Eine menschliche Beziehung baut Baldini zu Grenouille nicht auf; selbst seine karitativen Gesten am Krankenbett Grenouilles sind von ökonomischen Beweggründen gesteuert und keinesfalls Ausdruck menschlichen Mitgefühls. Im Gegensatz zu Grimal praktiziert Baldini lediglich eine menschlichere Variante der Ausbeutung.
Auch der Marquis de la Taillade-Espinasse hat kein Interesse an dem Menschen Grenouille (nach Beendigung des ersten Vortrags in der Universität „packt" der Marquis Grenouille wieder ein und „verfrachtet" ihn in den Speicher seines Palais; vergl. Parfum, S.182; die Sprache dokumentiert hier die Verdinglichung des Menschen, seine Reduzierung auf eine Sache). Dem Marquis ist Grenouille nur als lebender Beweis für seine Theorie wichtig. Dass Taillade-Espinasse Grenouille in die Gesellschaft einführt, soll seinen Ruhm mehren, erfolgt aber nicht aus Sympathie für sein „Beweisstück".
Madame Arnulfi und ihrem Liebhaber Druot bleibt der neue Geselle ebenfalls fremd. Sie interessieren sich nur insoweit für Grenouille, als er den Geschäftsbetrieb ihn Gang hält (Arnulfi) und eine Entlastung von eigener Arbeit befördert (Druot).

Pervertierte Liebe

Die „Liebe", die die Massen Grenouille am Tage seiner Hinrichtung entgegenbringen und die auch in Richis' Wunsch zum Tragen kommt, Grenouille zu adoptieren, ist nicht Ausdruck wahrer menschlicher Gefühle, sondern beruht ja auf der Verführungskraft des grenouilleschen Parfums. Diese „Liebe" hebt also nicht die Entfremdung auf, sondern verdoppelt sie. Als Perversion echter menschlicher Gefühle verschärft diese „Liebe" die Distanz zwischen Grenouille und seinen Mitmenschen, fördert den tief sitzenden, auf der Erfahrung der Ablehnung beruhenden Hass wieder ans Tageslicht. Auf der anderen Seite treibt sie Grenouille von sich selbst weg, weil er erkennen muss, dass sein „Menschsein" an das Parfum gebunden und daher flüchtig ist und auf einer (Selbst-)Täuschung beruht. Grenouille wird zum Gefangenen seiner Genialität. Er will zwar den Menschen gleich werden, einmal als einer von ihnen angesehen werden. Doch die Menschen können ihn nicht als den erkennen, der er ist. Daraus resultiert sein Hass auf die Menschen.

Grenouille – ein Spiegel für das Böse

Grenouille scheitert nicht (nur) an sich selbst, sondern (auch und gerade) an den Menschen. In der Unmenschlichkeit Grenouilles, in seiner kalten Grausamkeit und seiner gefühlsleeren Psyche, spiegeln sich die Grausamkeit und Gefühlskälte der menschlichen Gesellschaft und der Individuen, mit denen Grenouille in sozialen Kontakt kommt. „Wir brauchen einen Spiegel unseres Wesens – gleich wer das ist – um uns überhaupt zu erkennen. Wie dein Spiegel ist, so bist du, also kommt es auch drauf an, was wir für Spiegel haben, um uns selbst zu sehen und zu finden."[89]

Was auf den ersten Blick als historisches Kostümstück erscheinen mag, erweist sich somit beim Betrachten der Sozialbeziehungen als parabolisches Gegenwartsstück über die Unmöglichkeit der Liebe und die Einsamkeit des Einzelnen in der Masse.

89 Knuth, zit. nach Dörfler, S. 119

Grenouilles Entwicklung zum Mörder erscheint im Hinblick auf seine Gegenüber als ein folgerichtiger Prozess, denn er steht „(...) vor zertrümmerten Spiegeln. Zertrümmerte Spiegel, das heißt: zertrümmerte Gesichter, zerstückelte Leiber."[90]

2.4.7 Baldini, Taillade-Espinasse und Richis: ihre Beziehung zu Grenouille und ihre Haltung gegenüber den Ideen des Zeitalters der Aufklärung

Immanuel Kants Definition der Aufklärung

„Aufklärung ist der Ausgang des Menschen aus seiner selbstverschuldeten Unmündigkeit. Unmündigkeit ist das Unvermögen, sich seines Verstandes ohne Leitung eines anderen zu bedienen. Selbstverschuldet ist diese Unmündigkeit, wenn die Ursache derselben nicht am Mangel des Verstandes, sondern der Entschließung und des Mutes liegt, sich seiner ohne Leitung eines andern zu bedienen. Sapere aude! Habe Mut dich deines eigenen Verstandes zu bedienen! ist also der Wahlspruch der Aufklärung." (Immanuel Kant)[91]

Immanuel Kants berühmte Antwort auf die Frage „Was ist Aufklärung?" hat einen definitorischen und gleichzeitig einen appellativen Charakter.Kant fordert seine Leser auf, sich ihres Verstandes zu bedienen und aus dem Zeitalter der Aufklärung ein aufgeklärtes Zeitalter zu machen. Davon, so meint Kant, seien er und seine Zeitgenossen aber noch weit entfernt![92]
Die Ideen der Aufklärung kennen keine Ländergrenzen. Bacon, Hobbes, Locke und Hume in England, Voltaire, Montes-

---

90 ebenda

91 Immanuel Kant, *Beantwortung der Frage: Was ist Aufklärung?* In: Berlinische Monatsschrift Dezember 1784, S. 481, zitiert nach: Philosophie der Neuzeit/ Die Aufklärung – Geschichte der Philosophie V, Reinbek 1969, S. 246 (Hrsg.: Karl Vorländer)

92 vergl. ebd., S. 250

quieu und Rousseau in Frankreich, Spinoza in den Niederlanden, Leibniz, Lessing, Kant in Deutschland – um nur einige bekanntere Repräsentanten dieser frühen „gesamteuropäischen" Bewegung zu nennen. Der Beginn dieser Epoche, die in etwa das Jahrhundert zwischen der ‚glorious revolution' in England und der Französischen Revolution einnimmt, liegt in England. Etwas später entwickelt sich die Bewegung in Frankreich und – mit einer abermaligen zeitlichen Verzögerung – auch in Deutschland.

In der Aufklärung als der Epoche der Emanzipation des Bürgertums werden im Bereich der Wissenschaften und der Religion, der Gesellschaft, der Politik und der Wirtschaft alte Strukturen aufgebrochen und durch neue ersetzt, die die Grundlagen heutiger bürgerlicher Gesellschaften bilden. Mit der Aufklärung beginnt das „Projekt der Moderne".

Die Ideen der Gewaltenteilung, der Kontrolle der Herrscher durch die Bürger und die Proklamation unveräußerlicher Menschenrechte als Folge der natürlichen Gleichheit und Freiheit der Menschen sind Bestandteil heutiger demokratisch verfasster Gesellschaften.

Empirische Methoden in den Naturwissenschaften und die Verallgemeinerung der durch Experimente gewonnenen Erkenntnisse sowie ihre technische Anwendung finden ihren Ausdruck in der Formulierung neuer naturwissenschaftlicher Gesetze (etwa durch Newton und Kepler) und in zahlreichen Erfindungen als Grundlage des technisch-wissenschaftlichen Fortschritts (J. Watt).

Ökonomen wie A. Smith formulieren die Leitideen des wirtschaftlichen Liberalismus, Denker wie Kant unterziehen die alten religiösen Vorstellungen und Auffassungen einer Kritik. Alte gesellschaftliche Institutionen, Auffassungen und Ideen werden im Lichte der Vernunft (als einer zentralen Kategorie der Aufklärung) überprüft. „In der Aufklärung leitet sich jener Säkularisierungsprozess ein, der den Menschen aus den transzendenten Bindungen löst, die bis dahin auch die freiesten Geister unter den Philosophen zu achten pflegten."[93]

Süskinds Roman führt uns in die Epoche der Aufklärung. Und mit dem (am alten Handwerk orientierten) Parfumeur Baldini, dem wissenschaftsbegeisterten Marquis de la Taillade-Espinasse und dem Patrizier Richis zeigt er uns nicht nur drei Vertreter der französischen Ständegesellschaft des 18. Jahrhunderts, sondern auch drei Modelle des Reagierens auf die Entwicklungen und Herausforderungen der Zeit.[94]

Baldini – eine rückwärts gewandte Kritik an der Aufklärung

Baldini – ein gescheiterter Parfumeur

Über die neue Zeit, ihre politischen Ideen, wissenschaftlichen Entdeckungen und sozialen und technischen Neuerungen erfahren wir am meisten in den Kapiteln, die uns in die Welt des Parfumeurs Baldini einführen. Dessen Blick auf die neue Zeit ist aber durch seinen ökonomischen Niedergang bestimmt. Zwar gesteht sich Baldini ein, dass er nie ein großer Parfumeur oder Erfinder von Düften gewesen ist, doch sieht er die Ursache für seinen ökonomischen und sozialen Abstieg und den Aufstieg seines Konkurrenten Pelissier in der „hektischen Neuerungssucht", dem „hemmungslosen Taten-

93 Karl Vorländer, S. 9

94 Die Bedeutung der drei Figuren für den Roman wird dadurch unterstrichen, dass jede in einem der drei großen Teile des Romans Grenouille als (die anderen in den Teilen auftretenden Figuren dominierender) Mit-Spieler an die Seite gestellt ist und dass alle drei Figuren (mehr oder weniger) ausführlich eingeführt werden (Baldini im 1. Teil in den Kapiteln 9–13, der Marquis im zweiten Teil im 30. Kapitel, Richis im dritten Teil in den Kapiteln 41 und 42). Alle drei Männer verlässt Grenouille am Ende des jeweiligen Romanteils.

drang", der „Experimentierwut" des neuen Zeitalters (vergl. Parfum, S. 72).
Den Veränderungen in Handel und Verkehr, Geistesleben, Wissenschaft und gesellschaftlichem Leben steht Baldini ablehnend gegenüber.
So reagiert er verständnislos auf den Bau neuer Straßen und neuer Brücken, und erst recht kann er nicht begreifen, welchen Nutzen die Entdeckungen und Eroberungen haben sollen, die zur Bildung neuer Kolonialreiche führen (England, Spanien, Holland).
Die Entwicklungen in Handel und Verkehr sind für Baldini einfach nur „Wahnsinn" (Parfum, S. 73).
Baldinis Haltung gegenüber den großen Ideen seiner Zeit ist die der radikalen Negation. Diderot, Rousseau, Voltaire, d'Alembert sind für ihn letztlich nur „aufwieglerische" Brüder, die das Geistesleben in Unordnung bringen und in deren Köpfen ein „grenzenloses Chaos" herrscht (Parfum, S. 73 f.).
Auch in den Wissenschaften herrscht nach Baldinis Meinung die reine Unordnung, denn „nichts soll mehr stimmen", alles wird hinterfragt, sogar die Erschaffung der Welt durch Gott (ebenda).
Aber die negativsten Erscheinungen des Zeitgeistes entdeckt Baldini im gesellschaftlichen Leben. Frauen lesen Bücher, in Kaffehäusern „palavert" man über Kometenbahnen und die Hebelkraft, über Newton und große Expeditionen. Und der König lässt sich obskure Experimente vorführen.
Das Urteil Baldinis über seine Zeit steht fest: „(...) ein Jahrhundert der Auflösung, (...) der Zersetzung, des geistigen und politischen und religiösen Sumpfes (...)." (Parfum, S. 76)
Baldini blickt zurück auf die „guten alten handwerklichen Zeiten" (Parfum, S. 71), in denen noch „Charakter, Bildung, Genügsamkeit und der Sinn für zünftische Subordination" zählten (ebenda).

Die ökonomischen Ursachen für Baldinis Rückwärtsgewandheit

Dieser romantisierend-verklärende (und verklärte) Rückblick Baldinis ist ja nicht (nur) seinem Unverständnis den neuen Ideen gegenüber geschuldet, sondern v. a. der Tatsache, dass ihm die alte Zunftordnung, die sich nun aber aufgelöst hat und durch „frühkapitalistische" Konkurrenz ersetzt worden ist, eine sichere ökonomische Position garantiert und lästige Konkurrenten vom Halse gehalten hat. Zudem ist Baldini nicht mehr in der Lage, auf die wechselnden Moden in der Parfumverwendung zu reagieren (vergl. Kap. 11).
Das Hochhalten von Idealen erweist sich spätestens mit dem Auftauchen Grenouilles als (Selbst-)Täuschung, denn nun setzt Baldini das Kopieren von Düften seiner Konkurrenten – allerdings erfolgreicher als vorher! – fort und wird Lieferant auf dem Weltmarkt, dessen Entstehen er so verständnislos kritisiert hat.
Baldini ist ein Kritiker der Aufklärung – aber sein Blick ist rückwärts gewandt.

Marquis de la Taillade-Espinasse: eine Parodie auf die Aufklärung

Baldini muss resignierend feststellen, dass sogar Adelige zu den Verfassern der Schriften gehören, die das Land in geistige Unruhe versetzen und das Volk zum Aufruhr anstacheln. Ein solcher Aufrührer ist der Marquis de la Taillade-Espinasse zwar nicht, aber er ist ein Mann der Wissenschaft und des Experiments.
Tritt Baldini als reaktionärer Repräsentant des Jahrhunderts auf, rückwärts gewandt, engstirnig und gleichermaßen bigott, so ist der Marquis, scheinbar weltoffen, gebildet und zukunftsorientiert, sein fortschrittlicher Gegenpart – allerdings ins Parodistische überzeichnet.

Gemeinsamkeiten zwischen Baldini und Taillad-E.

Trotz dieser Unterschiede ergeben sich Gemeinsamkeiten mit Baldini. Auch der Marquis hat schon bessere Tage gesehen; seine obskuren Versuche zur Züchtung einer „Euterblume" hat er aus Kostengründen einstellen müssen. Und auch der Marquis hat – wie Baldini – sozusagen „einen Riecher" dafür, dass Grenouille ihm nützlich sein kann.
De la Taillade-Espinasse hat sich einen gewissen Ruhm in wissenschaftlichen Kreisen erworben, u. a. mit aberwitzigen ökonomischen Theorien, doch der große Durchbruch ist ihm noch nicht gelungen, weil ihm für seine neusten Forschungen, die Untersuchungen zur Theorie vom „fluidum letale", noch ein schlagkräftiger Beleg fehlt.
In Grenouille glaubt er nun, diesen Beweis endlich gefunden zu haben. Doch Grenouille durchschaut die Unsinnigkeit der espinasseschen Theoreme (und mit ihm natürlich auch die Leser) und treibt sein Spiel mit dem Marquis. Der wiederum steigert sich immer mehr in den Glauben an die Richtigkeit seiner „Forschungsergebnisse" und schafft es sogar, eine ganze Gelehrtenversammlung dies glauben zu machen.

Grenouilles Spiel mit Taillade-E.

Auch in der Beziehung zum Marquis setzt Grenouille, wie schon bei Baldini, eine „Krankheit als Waffe" ein. Dass der Marquis ausgerechnet einen vorgetäuschten Schwindelanfall Grenouilles als letzte Bestätigung seiner Theorie auffasst, zeigt nicht nur, wie naiv de la Taillade-Espinasse ist, sondern erhellt auch, wie geschickt Grenouille darin ist, Menschen zu manipulieren.
Wie der Marquis von seiner Geistesgröße nun endgültig überzeugt ist, so gelingt es Grenouille ja ebenfalls durch bewusst inszenierte Fehler bei der Parfumherstellung oder der Abfassung von Formeln Baldini das Gefühl zu geben, er sei der eigentliche Schöpfer der Duftkreationen.

Eine Parodie auf wissenschaftliches Denken: Taillades Selbststilsierung

In einem grotesk-bizarren Schlussbild – die Silhouette des entkleideten und singenden Marquis verflüchtigt sich bei eisiger Kälte im winterlichen Schneesturm, und seine „Jünger"(!!!) warten am „Heiligen Abend"(!!!) vergebens auf die Wiederkehr(!!!) des Marquis – wird uns die „Wissenschaft" des Marquis als das gezeigt, was sie ist: eine Hanswurstiade – eine Parodie auf naturwissenschaftliches Experimentieren und empirisches Forschen.
Sieht man den Marquis als Repräsentanten des aufziehenden wissenschaftlichen Zeitalters, so ist man fast geneigt, mit dem Skeptizismus Baldinis zu sympathisieren.

Richis – der Bürger als tragische Figur

Antoine Richis ist die Verkörperung der neuen Patrizierschicht, des reichen Handels- und Kaufmanns-Bürgertums. Er ist gesellschaftlich und politisch aktiv und ein überaus erfolgreicher Geschäftsmann, dessen Besitz sowohl Grund und Boden, also die Grundlage des Reichtums der alten Adelsschicht und des Klerus, als auch Anteile an Schiffen und Handelskompanien umfasst. Somit ist er auch im Bereich der neuen (bürgerlichen) Wirtschaftszweige tätig.

Richis – ein Vertreter des Bürgertums

Im Unterschied zu Baldini und Taillade-Espinasse ist die gesellschaftliche Stellung Richis' in ihrem Zenit, als Grenouille in sein Leben tritt und Richis' Ziel, durch die Verheiratung seiner Tochter mit dem Baron von Bouyon eine Dynastie zu gründen, zerstört.
Im Unterschied zu Baldini und dem Marquis verfügt der Bürger Richis auch über einen wachen Geist und eine gehörige

Portion gesunden Menschenverstandes. Er hat den Mut, um es mit Kant zu sagen, sich seines eigenen Verstandes zu bedienen, und glaubt deshalb nicht daran, dass der Mörder Grasse verlassen hat, als nach einem Bittgottesdienst die Mordserie zunächst ein Ende hat.

Tragische Ironie

Richis entwickelt einen – aus seiner Sicht – raffinierten Plan, um seine Tochter in Sicherheit zu bringen, und spielt damit Grenouille – tragische Ironie! – erst recht in die Hände, denn in das Gasthauszimmer, in dem Richis seine Tochter unterbringt, kann Grenouille leichter einsteigen, als er es in das gut gesicherte Haus Richis' hätte tun können.

Auch Richis ist nicht als gleichwertiger Gegner Grenouilles angelegt, aber immerhin (zunächst) ein Mitspieler von gewissem Format. Völlig zu Recht nimmt Richis ja an, dass eine verheiratete, deflorierte und vielleicht sogar schon geschwängerte Frau dem Mörder nicht mehr von Nutzen sein würde (vergl. Parfum, S. 265 f.).

Doch seine geistigen Fähigkeiten verhalten sich zu Grenouilles Genialität in etwa so wie der Alltagsverstand Dr. Watsons zur brillanten Analysefähigkeit von Sherlock Holmes.

Und des Erzählers wohlmeinende Äußerungen über Richis' Gedanken und Pläne erweisen sich auf dem Hintergrund des Fortgangs der Geschichte, Richis' Bitte, Grenouille möge sein Sohn werden, als purer Hohn. Was zunächst mit einem leichten Unterton melancholischer Ironie daherkommt, erweist sich als bitterer Spott. Hier wird die Tragödie eines Bürgers geschildert – aber eines Bürgers, der der Lächerlichkeit preisgegeben wird.

Der Versuch Richis', seinen Verstand zu gebrauchen, endet in einem Desaster. Die Vernunft muss kapitulieren, denn die Verführungskraft des Parfums ist übermächtig.

2.4.8 Die gescheiterte Aufklärung

Die Ideen der Aufklärung, so scheinen es die Schicksale von Baldini, Taillade-Espinasse und Richis nahe zu legen, sind zum Scheitern verurteilt. Die Aufklärung hat das autonome Subjekt auf den Schild gehoben, die Vernunft zur Richtschnur aller gesellschaftlicher Entwicklung gemacht und Gott vom Thron gestürzt.

Anti-Aufklärung

Aber angesichts des Auftauchens des Parfum-Gottes Grenouille erweisen sich die Menschen als von niederen Motiven (Geldgier bei Baldini, Ruhmsucht bei de la Taillade-Espinasse) geleitet, ihren Instinkten ausgeliefert (die Massenkopulation bei der geplanten Hinrichtung Grenouilles) und leicht zu täuschen (auch Richis lässt sich von Grenouille blenden und erliegt, unter Ausschaltung jeglicher Vernunft, der Verführungskraft des Parfums). Oder, um es mit Judith Ryan zu sagen: die „Darstellung des Subjekts im *Parfum* (wird) weitgehend durch postaufklärerische, um nicht zu sagen antiaufklärerische Intertexte bedingt."[95]

Die Philosophie (des mit der Aufklärung einsetzenden Zeitalters) scheint an ihr Ende gelangt zu sein, die Autonomie des Subjekts erweist sich als Chimäre, Normen und Werte werden relativiert (ein Mörder wird vergöttert!), die großen Ideen sind untaugliche Konzepte. Diese Konsequenzen aus der Aufarbeitung der Epoche der Aufklärung in Süskinds Roman haben manche Irritationen ausgelöst.

So schreibt Beatrice von Matt: „Wohl ist einem nicht bei dem Gedanken, die Veranstaltungen und Tagträume des machtbesessenen Monsters und Verführers könnten die erwartete

92 Judith Ryan, *Pastiche und Postmoderne. Patrick Süskinds Roman „Das Parfum"*. In: Paul Michael Lützeler (Hrsg.), Spätmoderne und Postmoderne. Beiträge zur deutschsprachigen Gegenwartsliteratur, Frankfurt 1991, S. 98 (Pastiche: stilistische Nachahmung eines anderen Autoren)

faszinierte Zustimmung finden. Die gelegentlich eingestreute Behauptung des Verfassers, sein Held sei ein Scheusal, genügt nicht zur kritischen Distanznahme. Eine korrigierende Gegeninstanz lässt der Roman völlig vermissen (...)."[96]

Grenouille als dunkler Schatten der Aufklärung

Genau darin aber, in der fehlenden Gegeninstanz, die ja nur eine vernunftgeleitete sein könnte, sieht W. Schütte einen Vorzug: „Es macht schon einigen Sinn, dass Süskind sein ressentimentgeladenes Genie, seinen menschenfremden Spezialisten der Sensualität, der Analyse, der Abstraktion und der Synthese in die Zeit der d'Alemberts, Holbachs, Voltaires und Rousseaus versetzt: als dunkler Schatten der Aufklärung."[97]

96 B. von Matt, in: Neue Zürcher Zeitung
97 W. Schütte, in: Frankfurter Rundschau

2.5 Sachliche und sprachliche Erläuterungen

Adjektivhypertrophie	übermäßige Häufung von Adjektiven;
Akribie	höchste Genauigkeit
Allegorie	Sinnbild; bildhaft belebte Darstellung eines abstrakten Begriffs
anachronistisch	veraltet, durch die (Zeit-)Entwicklung überholt
Antinomie	Widerspruch eines Satzes in sich oder zweier Sätze, von denen jeder für sich Gültigkeit hat
apodiktisch	unwiderleglich, keinen Widerspruch duldend
Apotheose	Erhebung eines Menschen zum Gott
archaisch	altertümlich, frühzeitlich
Askese	strenge Enthaltsamkeit; Selbstüberwindung
Ästhetizismus	Lebensanschauung, die ganz auf ein ästhetisches Erleben ausgerichtet ist; Lehre von der Selbstgenügsamkeit der Kunst
Atavismus	Rückverweis auf die Urahnen
Avantgarde	Vorhut; extrem experimentierfreudige Richtung in Kunst und Literatur;
Bacchanal	ausschweifendes Gelage; Dionysos, der griechische Gott der Fruchtbarkeit und des Weines, heißt im Lateinischen Bacchus

Blasphemie	Gotteslästerung
Chimäre	Trugbild, Illusion
Dekodierung	Entschlüsselung
Diktion	besondere Ausdrucksweise, Stil
emphatisch	mit besonderem Nachdruck
enfleurage	Übertragung von Aromastoffen (Duftstoffen) auf eine Fett- oder Ölbasis
essence absolue	konzentrierter Rohstoff für Blütenöle
evozieren	das Erwecken von Vorstellungen, das Hervorrufen eines Eindrucks
Genealogie	Stammbaumforschung
grand-guignolesk	Guignol: franz. = Hanswurst; Grand-Guignol: Handpuppen-Kasperlespiel; aggressiv-satirisch, schauerlich-gruselig
ikonografisch	den Sinngehalt von Attributen und Symbolen (in der Malkunst) betreffend
Inkubation	das sich Festsetzen von Krankheitserregern; auch Tempelschlaf in der Antike, um die Belehrung durch einen Gott zu erwarten
Konnotation	assoziative Nebenbedeutung
Kontrafraktur	Nachdichtung, Parodie
Kumulation	Anhäufung
Libido	Begierde; Geschlechtstrieb
monadisch	Monade: letzte, in sich geschlossene Ureinheit

Monomanie	Besessenheit von einer einzigen Idee
Ontologie	Lehre von den allgemeinen Seinsbegriffen
Präzeptor	Lehrer, Erzieher
Ratio	Vernunft, Verstand
Pelargonie	Mittelmeer-Pflanze, beliebte Topfpflanze
polemisch	streitbar
Prometheus	wörtl. der Vorausdenkende; dem Mythos nach stahl er den Göttern das Feuer und wurde dafür von den Göttern bestraft; die vielleicht bekannteste literarische Gestaltung hat Prometheus im gleichnamigen Gedicht von Goethe aus der Sturm- und Drang-Zeit erfahren
Proselyt	Neubekehrter, zur Religion Israels übergetretener Heide
Ressentiment	Hass, Neid, Rachsucht
Rezension	(kritische) Besprechung eines Kunstwerks, eines literarischen Werks etc.
Surrogat	Ersatz, Ersatzmittel
stream of consciousness	Technik der Darstellung der Gedanken und Gefühle der Figuren, wobei syntaktische Strukturen gesprengt werden können
Ultra posse nemo obligatur	Über sein Können hinaus ist niemand (etwas zu leisten) verpflichtet

Vetivert Wurzel der in Indien wild wachsenden Pflanze Anatherum muricatum

virtuos meisterhaft, vollkommen

***

Zeck: Wegen der besonderen Bedeutung des Bildes vom Zeck für die Charakterisierung der Hauptfigur geben wir hier eine etwas ausführlichere Wort- und Sacherklärung:

Zecken gehören zur Familie der Milben (Parasiten); sie schlüpfen am Boden als Larven und müssen auf einen Wirt warten, dessen Blut sie brauchen, um sich zu einer Nymphe weiterentwickeln zu können. Die Weibchen müssen noch einmal Blut saugen, um ihre Eier reifen zu lassen. Zecken warten auf einem Baum oder Gräsern auf einen geeigneten Wirt, wobei sie lange hungern können (Larve und Nymphe bis zu eineinhalb Jahren, Weibchen sogar über zwei Jahre).
Zecken sind augenlose Tiere mit feinem Geruchssinn, der sie leitet. Aufgrund der Wahrnehmung eines Menschen oder eines Tieres lassen sie sich auf ihr Opfer fallen und „bohren" sich in seine Haut. Zecken sind

Überträger von Krankheiten, z. B. der Frühsommer-Meningoenzephalitis (Hirnhautentzündung, durch Viren hervorgerufen) und der Lyme-Borreliose (Übertragung eines Bakteriums). Zecken besitzen eine feste, lederartige Chitinhaut, die ihnen großen Schutz garantiert.

2.6 Stil und Sprache

Die „konservative Erzähltechnik und der flüssige, leicht verständliche, aber sehr lebendige und anschauliche Stil haben dazu beigetragen, dass der Roman zum Bestseller wurde."[98]

Die Sprache des Duftes

Süskinds Roman spielt in der duftenden Welt der Parfumeure und Parfums und der stinkenden Welt der Stadt und der menschlichen Ausdünstungen. Da die Hauptfigur die Umwelt nahezu ausschließlich olfaktorisch erfasst und das Handwerk eines Parfumeurs erlernt, liegt es auf der Hand, dass die dominanten Wortfelder aus den gegensätzlichen Bereichen Duft und Gestank stammen. Seine besondere Aufmerksamkeit schenkt der Autor daneben der Darstellung des Parfumeurwesens und der Techniken zur Parfumherstellung im 18. Jahrhundert, wobei er die (damals) gebräuchlichen Fachtermini verwendet. „Der Leser wird mit diesen schnell fasslichen kleineren Exkursen (...) kulturhistorisch ins Bild gesetzt."[99]

Die Nennung und Beschreibung diffiziler und differenziertester Düfte und Duftnuancen[100] erfolgt mit der gleichen Akribie wie die protokollarisch genaue Schilderung der physikalischen und chemischen Abläufe der Destillation und enfleurage und die exakte Beschreibung der zur Parfumherstellung notwendigen Gerätschaften. Dabei nimmt der Autor „den Leser bei der Hand und führt ihn naseweis durch seinen duften Garten der Gerüche. Autor wie Leser suhlen sich in der dicken Luft der Düfte."[101]

Diese Wirkung erreicht der Autor durch die gezielte Verwendung augenfälliger stilistischer Mittel.

---

98 Norbert Berger, S. 59

99 Beatrice von Matt, in: Neue Zürcher Zeitung

100 B. von Matt spricht von einer „schwelgerischen Versammlung exquisiter Bezeichnungen".

101 Michael Fischer, S. 238

Vergleiche

Zur Beschreibung (und gleichzeitig zur sprachlichen Annäherung an einen Geruch/Duft) dienen immer wieder Vergleiche (der König stinkt wie ein Raubtier, die Königin wie eine alte Ziege, vergl. S. 6; der Schweiß des Mädchens aus Paris riecht frisch wie Meerwind, ihr Haar süß wie Nussöl, vergl. S. 54).

Um den Lesern die Nuancen eines Duftes sprachlich zu veranschaulichen, verwendet der Autor aber auch Kontraste; so ist Pelissiers Parfum „frisch, aber nicht reißerisch" und „blumig, ohne schmalzig zu sein", und es besitzt „Tiefe" und ist doch nicht „schwülstig" (vergl. S. 79).

Kontraste

Bereits im ersten Kapitel des Romans stoßen wir auf das Stilmittel der Wiederholung, sowohl als Parallelismus (die Wiederholung derselben Satzteilreihenfolge in zwei oder mehreren aufeinander folgenden Sätzen) als auch in Form der Anapher (Wiederholung desselben Wortes oder derselben Wortgruppe am Anfang mehrerer aufeinander folgender Sätze). So wird der gesamte zweite Abschnitt des ersten Kapitels (vergl. S. 5 f.) vom Verb „stinken" regiert, das siebzehn Mal verwendet wird. Trotz dieser Massierung von Wiederholungen wirkt die Sprache des Autors „weder hämmernd noch stampfend. (...) Seine Sätze sind niemals schwerfällig, auch wo sie sich zu langen Perioden auswachsen, bleiben sie makellos durchsichtig."[102]

Wiederholung und Reihung

Ein weiteres Stilmittel sind Aufzählungen (enumeratio), die sich, sowohl im Bereich der Adjektive als auch der Substantive, zu regelrechten Hyperthrophien auswachsen können. So etwa, wenn Holzarten aufgezählt werden, um zu verdeutlichen, wie differenziert Grenouilles olfaktorisches Erfassen der Wirklichkeit erfolgt (Ahornholz, Eichenholz, Kiefernholz, Ulmenholz etc., vergl. Parfum, S. 33).

102 Marcel Reich-Ranicki, in: FAZ

Superlative

Superlative sind ebenfalls ein signifikantes Merkmal des sprachlich-stilistischen Inventars des Autors. Paris ist gekennzeichnet als „allerstinkendster Ort", der Plomb du Cantal als „menschenfernster" Punkt. Paris ist das „größte Geruchsrevier der Welt", doch es treibt Grenouille schließlich zum „Magnetpol der größtmöglichen Einsamkeit".

Marcel Reich-Ranicki nennt den Autor, trotz einiger Kritik an der zweiten Hälfte des Romans, einen „ausgezeichneten Stilisten" und konzidiert Süskind einen „ausgeprägten Sinn für den Rhythmus der Sprache", wobei er zusammenfassend urteilt: „Süskinds Diktion ist geschmeidig und anmutig und dennoch genau: Der verführerische Wohlklang vieler Seiten seines Buches geht nicht auf Kosten der Deutlichkeit des Ausdrucks." Süskinds Prosa sei, so Reich-Ranicki, von einer „einnehmende(n) Musikalität."[103]

Lob und Kritik für Süskinds sprachliche Mittel

Mit dieser Kennzeichnung stimmt auch Heinz Dörfler überein, wenn er formuliert: „Süskinds Sprache ist musikalisch, ja teilweise fugenartig angelegt."[104]

Zur Wirkung der Sprache des Romans hat Annette Meyhöfer ausgeführt: „Süskind versteht es, den Leser zu schocken, mit starken Kontrasten, kühl kalkulierten Effekten und Superlativen, die wohl nur noch von denen seiner Kritiker übertroffen werden."[105]

---

103 ebenda

104 H. Dörfler, S. 127; der Vergleich der Sprache Süskinds mit einer Fuge ist durchaus treffend; wird bei einer Fuge ein oder mehrere Themen, nacheinander einsetzend, durch alle Stimmen geführt, so werden bei Süskind einzelne Begriffe, die Gefühle, Zustände, Gerüche beschreiben, durch Wiederholungen, Steigerungen und Vergleiche in immer neuen Variationen präsentiert und bis zur Übersteigerung getrieben. (vergl. hierzu das anschauliche Beispiel, auf das Dörfler verweist, nämlich die Beschreibung des Pelissier'schen Parfums durch Baldini; Parfum, S. 111, 3. Abschnitt).

105 A. Meyhöfer, in: Vorwärts

Gerade diese sprachlich-stilistischen Effekte haben dem Autor jedoch auch einige Kritik eingebracht. Beatrice von Matt etwa wirft dem Autor die Verwendung trivialer sprachlicher Elemente vor.[106]
Und Joachim Kaiser sieht gar sprachliche „Banalitäten" und erhebt den Vorwurf, in Süskinds Roman werde „Kunst durch gefährlich viel schick Kunstgewerbliches verdünnt."[107] Doch auch Kaiser kommt nicht umhin, das Geschick des Autors anzuerkennen, die Leser in seinen Bann zu ziehen. Und so nennt er Süskind, wohl nicht zu unrecht, einen „hoch begabten"und „einfallsreichen" Autor.[108]

2.6.1 *Das Parfum:* Der Titel des Romans als mehrdimensionales Schlüsselwort

Schon Titel und Untertitel des Romans lösen durch die Koppelung der Begriffe „Parfum" und „Mörder" und die mit ihnen verbundenen Konnotationen Verblüffung aus. Verweist das Wort „Parfum" auf die Sphäre des Ästhetischen, des Schönen, des Hellen und der Erotik, so assoziieren wir mit dem Wort „Mörder" das Böse, das Hässliche, das Dunkle und die Destruktion.

Spiel mit Bedeutungsebenen

Komplettiert wird dieses Spiel mit Assoziationen durch die optischen Signale, die das Umschlagmotiv, der Ausschnitt aus Watteaus Bild, aussendet. Der wohl mit Bedacht gewählte Bildausschnitt evoziert Emotionen, die insofern an den Begriff „Parfum" anknüpfen, als eine Verbindung zur Sphäre der Schönheit, der Erotik, der Verheißung hergestellt wird. Gleichzeitig werden diese

106 vergl. B. von Matt, in: Neue Zürcher Zeitung
107 Joachim Kaiser, *Viel Flottheit und Phantasie,* in: Süddeutsche Zeitung Nr. 74 v. 28. 3. 1985, S. 5
108 ebenda

Emotionen (durch die Koppelung mit dem Wort „Mörder" aus dem Untertitel) aber wieder bedroht.
Der titelgebende Zentralbegriff (Parfum) eröffnet also einen Auslegungsspielraum und verweist auf verschiedene Referenzebenen.
Er hat einen hohen Symbolgehalt und ist auf unterschiedlichen Ebenen (in unterschiedlichen Kontexten) dekodierbar.

2.6.2 *Das Parfum* – der historisch kulturelle Kontext

> *„Der Geruch vermittelt uns ein innigeres Gefühl, einen unmittelbareren, vom Geist unabhängigeren Genuss als der Gesichtssinn."*[109]

Die Hauptfigur des Romans erlernt den Beruf des Parfumeurs und schließt die Ausbildung mit dem Gesellenbrief ab.[110] Bedeutende Abschnitte des Lebens der Hauptfigur spielen in der Welt der Parfumeure und der Parfumherstellung. Diese Welt wird uns im Roman recht ausführlich und oftmals mit Liebe zum Detail vorgeführt.

Die Welt des Parfums

Das geschieht mit gutem Grund, denn in der Zeit, in der der Roman spielt, gewinnt das Parfumeurhandwerk an gesellschaftlicher Bedeutung und werden Herstellung und Vertrieb von Parfumerieartikeln zu einem rasch expandierenden Wirtschaftszweig.[111]

---

109 Saint-Lambert, *Les saisons,* zitiert in A. Corbin, S. 115; zu den Informationen im folgenden Abschnitt vergl. neben Corbin auch Ursula O'Malley, *Geruch ist Gefühlssache. Der Geruchssinn in der historischen Dimension.* In: Geschichte lernen, 15/1990, S. 24–30, und Jürgen Augstein, *Liebe geht durch die Nase.* In: AKKU 4 v. 24. 10. 1989, S. 8–11

110 „Gewerbliche Parfumeure gab es in Frankreich bereits seit dem zwölften Jahrhundert. (...) Um zum Meisterparfumeur gewählt zu werden, war es (im 18. Jahrhundert) erforderlich, vier Jahre als Lehrling und drei als Geselle zu dienen, was zeigt, dass man es als nicht unbedeutendes Handwerk erachtete." (E. Rimmel, S. 230)

111 Mitte des 19. Jahrhunderts gibt es in Paris bereits einhundertundzwanzig Parfumeure, deren Einnahmen auf vierzig Millionen Francs jährlich geschätzt werden. (vergl. E. Rimmel, S. 273)

Diese Entwicklung ist vor allem einer gewachsenen Empfindlichkeit gegenüber Gerüchen und einer sinkenden Toleranz gegenüber (als unangenehm empfundenen) Ausdünstungen geschuldet.
Es entwickeln sich neue Wissenschaftszweige, z. B. die Osmologie (Lehre von den Riechstoffen) und die Osphresiologie (Lehre von den Gerüchen). Hintergrund dieser intensiven Beschäftigung mit dem Geruch ist die Lehre von den Miasmen, den fauligen und krank machenden Dämpfen, die in den Körper eindringen und ihn verseuchen. Als Indikator für diese Miasmen wird der üble Geruch angesehen. Gestank und Krankheit werden gleichgesetzt. Neben dem (sinnvollen) Kampf der Hygieniker, der schließlich zur Errichtung von Sickergruben und Kanalisationen, organisierter Straßenreinigung und geregelter Abfallbeseitigung führt, beginnt auch der Kampf der Hysteriker, der sich gegen den Körpergeruch wendet, weil auch in ihm Quellen der Verderbnis und der Krankheit gesehen werden. Der Gestank der fäkalienverseuchten Straßen und der Verwesungsgeruch der Gassen wird ebenso parfümiert wie der Geruch des menschlichen Körpers. Mit dem Gestank sollten auch die Ursachen für Krankheiten, die man dem üblen Geruch zuschrieb, verschwinden. Der Siegeszug des Parfums beginnt.
Als Pasteur die Bedeutung der ansteckenden Keime entdeckt und damit den Geruch als Ursache allen Übels entlastet, hat sich das Parfum längst etabliert. Die Bedeutung des Geruchs hat sich nämlich mittlerweile verkehrt. Bedeutet er zunächst Krankheit und Verderbnis, wird der Geruch (von Parfums) nun mit positiven Attributen besetzt; wieder (oder immer noch) hat der Geruch Symbolcharakter, nur die Bedeutung hat sich verändert. Verweist der menschliche Eigengeruch nun ins Animalische, steht der (künstliche) Geruch der Par-

fums für Schönheit und Verfeinerung und – das ist die Parallelentwicklung – der (antiseptische) Geruch der Hygieneartikel und Putzmittel für Sauberkeit, Frische und Keimfreiheit.

Veränderung der Duftvorlieben

Der (Körper-)Geruch ist/wird (am Ausgang des 18. Jahrhunderts) zu einer sozialen Kategorie – er wird den unteren/niederen Ständen zugeordnet. Die Duftnote der Parfumierung des Körpers ist ebenfalls sozial bestimmt. So wendet sich der Adel am Vorabend der Revolution in Frankreich immer mehr von den süßlich-schweren (animalischen) Gerüchen ab und bevorzugt blumig-fruchtige Düfte, wogegen die Revolutionäre gerade eine animalische Duftnote auftragen.[112]

Parfumprodukte und Reklamesprache

Eine besondere Bedeutung bekommt das Parfum im Zusammenhang mit Erotik und Liebe. Hier wird dem Parfum – und damit dem Träger/der Trägerin – geradezu Verführungskraft zugesprochen, die in der Namensgebung der Produkte und den Attributen, wie sie uns in der Parfumreklame begegnen, zum Ausdruck kommen. „Magie Noire" ist ein „Duft, der Sie verzaubert", das Parfum „Salvatore Dali" ist „männlich und mysteriös diskret", „joop!", birgt die „geheimnisvolle Sprache der Düfte, der Sinnlichkeit, des Unfassbaren", „G. Man" schenkt seinem Träger „Sicherheit und Wohlbefinden", und „Etruscan" verheißt uns „Temperament und Vitalität". Und welcher Art die „Obsession" der Träger des gleichnamigen Parfums ist, vermitteln uns der Mann und die Frau in den Abbildungen der Anzeigenserie in unbekleideter Offenheit.[113]

---

112 Eine gewisse Parallele ist in der Vorliebe der jüngeren Generation gegen Ende der 60er Jahre (Hippies) für „schwere" orientalische Düfte (Sandelholz, Pacculi, Moschus) zu sehen, wogegen die damalige Elterngeneration eher „leichte" Duftnoten bevorzugt.

113 Artikelnamen und Texte sind einem Werbefaltblatt der Parfumerie-Kette „Douglas" entnommen.

„Der spezifische Geruch des Menschen wird immer stärker als negativer Gesellschaftsfaktor angesehen. Man darf weder nach Schweiß noch nach anderen Ausdünstungen riechen (...). Der menschliche Eigengeruch ist neutralisiert. An seine Stelle ist das Parfum getreten."[114]
Der Geruch wird zum Träger sozialer Eigenschaften. Ist er negativ definiert, als Gestank/Körpergeruch, dient er, wie z. B. in bestimmten rassistischen Witzen, zur sozialen Ausgrenzung und Diskriminierung. Ist er positiv besetzt, als Duft eines Parfums, verleiht er seinem Träger die Aura einer begehrenswerten Persönlichkeit mit erotischer Ausstrahlungskraft.

2.6.3 Parfum als Duft – der Kontext im Roman

„Männer und Frauen des Abendlandes legen ein zunehmendes Geschick an den Tag, die neuerdings als lästig und zudringlich empfundenen Körpergerüche zu verschleiern. Auf diese Weise wird die sexuelle Rolle des Geruchssinns geleugnet (...). Nie hatte sich in der Geschichte der sexuellen Anziehung eine so entscheidende Revolution ereignet."[115]

Parfum – der Lebensinhalt Grenouilles

Im Zusammenhang mit dem Roman und der Entwicklung der Hauptfigur kommt dem Parfum mehrfache Bedeutung zu. Zunächst einmal ist das Parfum für den Gesellen Grenouille das „Meisterstück". Mit seinem Parfum dokumentiert er, dass er sein Handwerk gelernt hat, wenn auch die „Prüfung" nicht nach den Regeln der Parfumeurzunft durchgeführt wird, sondern eher nach den Regeln der Hexenkunst. Gleichzeitig ist das Parfum für Grenouille der entscheidende Lebensinhalt überhaupt. Mit Hilfe des Parfums, so glaubt er

114 U. O'Malley, S. 26
115 A. Corbin, S. 104

ja, kann er sein Defizit, den fehlenden Eigengeruch, ausgleichen.
Grenouille handelt somit ganz im Sinne der Erkenntnis, dass „von allen Sinnen (...) der Geruchssinn am stärksten dazu begabt (ist), den Menschen die Existenz eines Ich empfinden zu lassen (...)."[116]

Der stinkende Mensch – der Mensch, ein Stinker

Die geruchliche Basis dieses Ich jedoch, die Grenouille während seines Aufenthaltes in Montpellier herstellt, ist „grauenvoll", stinkt „kloakenhaft, verwesend" und muss deshalb durch ein „Bouquet von feinen Blütenölen" kaschiert werden (Parfum, S. 192). Der Mensch – ein Stinker, lautet der philosophische Nebenaspekt des Grenouillschen Schöpfungsaktes.
Zudem, das merkt Grenouille bei der Anwendung der verschiedenen Flairs, die er für sich kreiert hat, ist er in der Lage, mit Hilfe des Parfums Menschen zu beeinflussen, zu steuern, ja sogar zu beherrschen. Dies hat etwas mit der Besonderheit des menschlichen Geruchsvermögens zu tun, denn was „wir riechen, fühlen wir gleichzeitig, ohne Verzögerung."[117] Oder, um noch einmal Alain Corbin zu Wort kommen zu lassen: „Der Geruchssinn erregt die empfindsame Seele, die sich den ihr angetragenen Gefühlen nicht entziehen kann, gerade wegen der Flüchtigkeit seiner Eindrücke (...)".[118]
Genau diese Eigenschaft des Geruchssinns weiß Grenouille zu nutzen. Seine essence absolue zielt nämlich ohne Umwege auf das „erotische Zentrum" der Menschen, macht sie zu einer sich in „orgiastischen und orgastischen Verzückungen" ächzenden Masse, zu „zehntausend Menschentieren", von „nackter Begehrlichkeit erfüllt" (vergl. Das Parfum, S. 299–307).

116 A. Corbin, S. 115
117 J. Augstein, S. 9
118 A. Corbin, S. 115

Der Duft-Messias und die Kraft der Verführung

Das Parfum ruft also die animalische, die triebhafte Seite in den Menschen hervor. Dank seines „himmlisch-höllischen Parfums" wird Grenouille zum „Duft-Messias", der die Massen in Ekstase versetzt und sie zu seinen Untertanen macht.[119] Das Parfum steht also auch für die Kraft der Verführung und ist ein Mittel zur Macht.

Somit wird eine weitere Bedeutungsebene des Parfums erkennbar, die die Frage aufwirft: „(...) soll oder muss der Roman hier als politische Parabel gelesen werden?"[120]

2.6.4 *Das Parfum* – der politische Kontext

Wir haben im Zusammenhang mit dem Schicksal der Figuren Baldini, de la Taillade-Espinasse und Richis darauf hingewiesen, dass mit dem Scheitern ihrer Pläne auch die Idee des „autonomen Subjekts" und der Aufklärung und ihrer Ideale (Vernunftorientierung) gescheitert ist.

Am Tag der Hinrichtung Grenouilles wird deutlich, dass Grenouille durch sein Parfum in die Lage versetzt ist, Menschenmassen ihres Verstandes zu berauben. Kaum steigt Grenouille aus der Kutsche, ist die Ratio der Zehntausenden auf dem Platz ausgeschaltet, denn der Mann, für dessen Schuld es doch untrügliche Beweise gibt, kann „unmöglich ein Mörder" sein (Parfum, S. 299).

Die Menschen werden „schwach wie kleine Mädchen, die dem Charme ihres Liebhabers erliegen", alles „Widerständliche" in ihnen wird „wunderbar zersetzt", sie bestehen nur noch aus „amorpher Flüssigkeit."(Parfum, S. 300) „Grenouille, überführt und zum Tode verurteilt, betört dank seines Par-

119 Niels Höpfner, in: Die Presse
120 ebenda

fums die Rationalen, bringt sie um ihre Besinnung und Gesinnung. Da gleicht er einem Gott, der Wächter blendet und Gefängnismauern bricht, oder einem Rattenfänger, einem massenhypnotisch befähigten (Duft)-Zauberer."[121]

Dieses massenhypnotische Außerkraftsetzen des Verstandes mündet in der Aufhebung sämtlicher sittlicher und moralischer Schranken und entäußert sich im großen „Bacchanal".

Für Karl-Heinz Götze ist diese Szene nicht nur mit Elementen aus „einem elementaren Volksfest, vom Karneval, von Massenorgien, von Befreiung" ausgestattet, sondern zeigt auch einen „Hauch faschistischen Massenwahns und faschistischer Massenmanipulation."[122]

Grenouille und Hitler

Auf diese politische Dekodierungsebene des Textes hat als einer der ersten (und übrigens auch recht wenigen Rezensenten) Marcel Reich-Ranicki hingewiesen. Er sieht in der Hinrichtungsszene und ihrem Umschlag in die Massenorgie eine „Apotheose von mythologischem Rang (...), eine grandiose Darstellung des Massenwahns, der Verführbarkeit der Menschen; genauer: der kaum zu begreifenden Wirkung eines widerlichen und verabscheuungswürdigen Verbrechers auf ein zivilisiertes Volk inmitten Europas." Und Reich-Ranicki schließt die Frage an: „Muss man sagen, welches Ungeheuer Patrick Süskind meint, auf welches Volk sein Gleichnis vor allem abzielt?"[123]

So erstaunlich diese Thesen denjenigen vielleicht zunächst erscheinen muss, die den Roman – was er ja auch ist – „nur" als gute Unterhaltungsliteratur ansehen, so einleuchtend erscheint sie im Zusammenhang mit einigen textlichen und außertextlichen Bezügen.

---

121 Joachim Kaiser, in: Süddeutsche Zeitung
122 Karl-Heinz Götze, S. 2
123 M. Reich-Ranicki, in: FAZ

Süskind, von Hause aus Historiker und durch die wissenschaftliche Arbeit seines Vaters mit der Verführungskraft des (faschistischen) Sprachgebrauchs vertraut, hat diese Ebene des Textes wohl selbst im Sinn gehabt.[124]

Anspielungen

Schon die (ironische) Spielerei im Zusammenhang mit Grenouilles Wunsch, „größter Parfumeur aller Zeiten" zu werden, kann als Anhaltspunkt für diese Interpretationsebene verstanden werden. Auch das deutlich werdende Scheitern der Ideale der Aufklärung legt diese Interpretation nahe, versagt doch – in der deutschen Geschichte ebenso wie im Roman – die Vernunft angesichts der Verführungskraft und Manipulationsstrategien. Entscheidend ist aber für diese Interpretation die Gestaltung des Umgangs der an der Massenorgie beteiligten Personen mit ihrem Tun. Blendet man bei der Lektüre des entsprechenden Abschnitts den konkreten textlichen Bezug des Romans, die Orgie, aus und ersetzt ihn durch den historischen Kontext der jüngeren deutschen Vergangenheit, so ergeben sich verblüffende (und zugleich erschreckende) Parallelen mit der Verdrängung des faschistischen Erbes durch große Teile der Kriegsgeneration: „Vielen erschien dieses Erlebnis so grauenvoll, so vollständig unerklärlich und unvereinbar mit ihren eigentlichen moralischen Vorstellungen, dass sie es buchstäblich im Augenblick seines Stattfindens aus ihrem Gedächtnis löschten und sich infolgedessen auch später wahrhaftig nicht mehr daran zurückerinnern konnten. Andere, die ihren Wahrnehmungsapparat nicht so souverän beherrschten, versuchten, wegzuschauen und wegzuhören und wegzudenken – was nicht ganz einfach war, denn die Schande war zu offensichtlich und zu allgemein." (Das Parfum, S. 312).

124 Diese Auffassung stützt sich auf ein Interview, auf das Ulrich Pokern verweist (U. Pokern, *Der Kritiker als Zirku(lation)sagent. Literaturkritik am Beispiel von Patrick Süskinds „Das Parfum. Die Geschichte eines Mörders"*. In: text und kritik 100, München 1988, S. 75; leider gibt Pokern die Quelle nicht genau an, sondern verweist nur auf „eine New Yorker Zeitung".

Das Parfum – eine politische Parabel ?

Erweist sich also als politische Parabel, was als virtuoses erzählerisches Kabinettstückchen von hohem Unterhaltungswert daherkommt? Und wird dann der Roman dem parabolisch verfremdeten Thema, der gleichnishaften Darstellung von Masse und Macht im „3. Reich", überhaupt gerecht? Oder wirkt „dieses Spiel der Parabeln und Assoziationen (...) wie eine angetragene Facette, wie ein kalkuliertes Kunststück für literaturkritische Geister?"[125]
Und muss dann nicht auch die Frage gestellt werden, „ob das Buch eine solche Interpretation überhaupt auszuhalten vermag, ohne dass man ihm (gemeint ist Süskind, B. M.) dann einen ungewöhnlich brutalen Zynismus bescheinigen müsste."[126]
Vielleicht ist das, was Pokern als (möglichen) Zynismus des Autors interpretiert, nichts anderes als die durch den Autor gewollte Irritation des Lesers. Dem Autor gelingt es aufgrund seiner Erzählkunst, seine Leserschaft geistig so einzuwickeln, wie Grenouille seine 25 Mädchen in Grasse in seine Fettfrottagen einwickelt, um ihnen den Duft zu rauben. Der Autor führt demnach die Verführungskraft der Worte vor wie sein Protagonist die Verführungskraft seines Parfums demonstriert.
Diese Überlegung mag verunsichern. Es wäre dann aber (hoffentlich) eine heilsame Verunsicherung. Das Lesevergnügen ist dadurch nicht ausgeschlossen. Denn es ist sicherlich ein Qualitätsbeweis für diesen Roman Süskinds, dass er unterschiedliche Interpretationsansätze durchaus zulässt: „Der eine mag Patrick Süskinds Roman ‚Das Parfum', die Geschichte des größten Parfumeurs aller Zeiten, als eine Anspielung auf jenen politischen Verführer lesen, der sich als den größten Feldherrn aller Zeiten preisen ließ, als eine Allegorie auf jenen

125 Eckhard Franke, S. 4
126 U. Pokern, S. 75 f.

Massenwahn, der sich auf Blutopfer gründet; ein anderer wird ihn als fantasievolle und spannende Unterhaltung gelten lassen. Auf ihre Kosten kommen sie beide."[127]

127 J. P. Wallmann, in: Deutsches Sonntagsblatt

2.7 Interpretationsansätze

Der folgende Abschnitt versteht sich als Ergänzung zu den vorangegangenen Kapiteln und soll im Zusammenhang mit dem 4. Hauptabschnitt und den darin präsentierten Materialien einen vertiefenden Einblick in den Roman liefern und die eigenständige Erarbeitung unterstützen helfen. Das Kapitel stellt keine abgerundete Interpretation des Romans *Das Parfum* dar, sondern offeriert - unter Rückgriff auf Aspekte aus anderen Kapiteln des Bandes - Ansätze zum Verständnis des Bestsellers von Patrick Süskind.

Die im vorangegangenen Abschnitt (2.6.4: *Das Parfum* - der politische Kontext) aufgezeigte Möglichkeit, den Roman *Das Parfum* (auch) als politische Parabel zu verstehen, macht im Grunde genommen schon die Schwierigkeiten deutlich, wenn es darum geht, Süskinds Roman interpretatorisch einzugrenzen. Die politische Deutung des Romans unterschlägt ja nicht die anderen Ansätze der Interpretation, sondern erweist sich als ein durchaus schlüssiger Zugriff neben anderen. Gerade diese Deutungsoffenheit, die Möglichkeit der Dekodierung auf verschiedenen Ebenen, ist ein wesentliches Merkmal des Romans von Süskind. Diese Mehrfachkodierung ist es ja auch, die den Roman seit seinem Erscheinen sowohl für eine Massenleserschaft als auch für literarisch anspruchsvolle Leserinnen und Leser interessant gemacht hat. Der Roman verweigert eine eindeutige Botschaft - wenn er überhaupt eine hat, dann ist es das Angebot an den Rezipienten, die zahlreichen Deutungsangebote aufzugreifen. Dabei ist die Möglichkeit, den Roman lediglich als spannende Unterhaltungslektüre zu konsumieren, mitgedacht und ein Leseangebot unter vielen.

Deutungsoffenheit als Merkmal des Romans

Auf den Teil der Leserschaft, die den Roman zur spannenden Unterhaltung liest, zielen natürlich in erster Linie die Krimielemente ab. Der Roman um Jean-Baptiste Grenouille reiht sich ein in die Gattung der Kriminalliteratur, ruft typische Erzählelemente dieser Gattung auf, spielt zugleich mit dem Muster bekannter Vorlagen und präsentiert einen Serienmörder mit bizarrem und außergewöhnlichem Profil (siehe hierzu 2.1 und ausführlich 2.4.5). Frizen und Spancken schreiben über die Krimi-Aspekte des Romans:

Krimielemente als Angebot für die Leser

> *„Die Struktur, die ja auch der Untertitel verspricht, ist tatsächlich die des klassischen, regelrechten Kriminalromans: Der Mörder steht im Mittelpunkt und nicht der Detektiv, die Genese eines Verbrechens und nicht die Aufklärung eines Verbrechens, nicht der Denksport der Detektion, das rationale Kalkül, sondern die Durchleuchtung der Täter-Psyche, nicht der Detektiv ist das Genie, sondern der Mörder. SÜSKIND verschmäht es gleichwohl, aus seiner eigenen Idee Kapital zu schlagen: Dem Leser wird kein Verbrecher aus verlorener Ehre, kein vom verkorksten Unterbewussten getriebenes, Mitleid erweckendes Wesen vorgeführt, kein Täter durch die soziale Bedingtheit seines Handelns entschuldigt und zum Opfer erklärt (…).“*[128]

Süskind knüpft also an bekannte Krimi-Versatzstücke an, entzieht sich ihnen aber zugleich dadurch, dass er dem Leser weder soziologische noch psychologische Erklärungsmuster mitliefert, die das Verhalten seines Mörder-Genies schlüssig erklären könnten; vielmehr ist in Grenouille das Böse voraussetzungslos gestaltet. Schon der erste Schrei des Kindes kostet letztlich die

Das voraussetzungslose Böse

128 Frizen/Spancken, S. 42

Mutter das Leben, weil dadurch ihre Mordpläne und die Morde an früheren Kindern entdeckt werden. Grenouilles Morde lassen sich nicht als Rache an der Gesellschaft interpretieren. Zwar wird er zum Objekt der Ausbeutung gemacht (von Grimal, von Baldini, von Taillade-Espinasse, von Madame Arnulfi) und ist von Anfang an ungeliebt und verhasst, doch sind diese Lebensumstände und Sozialisationserfahrungen nicht geeignet als Erklärungsgeflecht für sein monströses Wesen. Dieses ist ihm vielmehr von Geburt an zu Eigen. Die Monströsität seines Wesens erscheint aber schon allein deshalb abgemildert, weil Grenouille uns als Künstler begegnet, dem wir bei der Verfolgung eines Lebensziels über die Schulter schauen und dessen letztliches Scheitern wir vielleicht sogar mit Bedauern zur Kenntnis nehmen. Der Parfum-Künstler ist aber zugleich auch Kunst-Figur, insofern er durch den fehlenden Eigengeruch der Individualität und Identität entbehrt. Auf Grund dieses Kunstgriffes fallen das schöpferische Meisterwerk Grenouilles, die Erzeugung einer überwältigenden und die Massen betörenden und sie hypnotisierenden Aura, und seine mit diesem Triumph einhergehende Niederlage in eins. Der Versuch, das zu destillieren, was ihm selbst abgeht, der menschliche Eigengeruch, gelingt Grenouille technisch, führt aber nicht zur Aufhebung der eigenen Identitätslosigkeit, sondern nur zum schmerzhaften Erkennen des Fehlens der eigenen Persönlichkeit im Zerrspiegel der bewusstlosen und sich in der Orgie entpersonalisierenden Menschen in der Masse. Insofern steuert der sich in Phasen vollziehende Entwicklungsprozess des Protagonisten des Romans, der hier wiederum das Muster des Bildungs- und Entwicklungsromans aufgreift, zugleich aber mit diesen Genres spielt und sie

Grenouille als Künstler und Kunst-Figur

Entwicklungs- und Bildungsroman

parodiert, konsequent auf die Selbstauflösung im Akt der Kannibalisierung zu:

> *„Im Laufe seiner Lehr- und Wanderjahre macht Grenouille (...) vier verschiedene Entwicklungsphasen durch. Von seiner anfänglichen Darstellung als eines unehelichen Niemands aus der sozialen Unterschicht des achtzehnten Jahrhunderts wird er zunächst zu einer romantisch gespaltenen Künstlerpersönlichkeit, um dann in eine Phase ästhetizistischer Auflösung überzugehen und schließlich als postmodernes ‚kannibalisiertes' Ich seinen Tod zu finden. Mit anderen Worten: Süskind entwickelt hier keine neue Vorstellung des menschlichen Subjekts; er parodiert vielmehr eine Reihe von bekannten literarischen Vorstellungen aus Vergangenheit und Gegenwart."*[129]

Grenouille eignet sich im Laufe seiner Lehr- und Wanderjahre Kenntnisse und Fähigkeiten an; an bestimmten Gelenkstellen seiner Entwicklung reflektiert er seinen Standort, fasst neue Ziele ins Auge und unternimmt Schritte, um dieses Ziel zu erreichen, so etwa wenn ihm bewusst wird, dass er Baldini verlassen muss, um sich andere Techniken der Parfumgewinnung anzueignen, oder wenn er, rückblickend auf seine bisherige Existenz, den Entschluss fasst, der omnipotente Gott des Duftes zu werden und die Menschen zu beherrschen. Diese Entwicklungsstadien führen aber letztlich nur dazu, ihm seine eigene Identitätslosigkeit schmerzhaft in Bewusstsein zu heben und ihn zu der Erkenntnis zu führen, dass er immer eine innere Nicht-Existenz führen wird. Der Akt der Kannibalisierung stellt im Grunde deshalb eine Kongruenz zwischen fehlender Ich-Identität und personaler Hülle her, indem die personale Hülle gänzlich vernichtet wird.

---

129 Ryan, S. 99

Parodistisches Spiel mit Genres

Das parodistische Spiel mit den Mustern des Entwicklungs- und Bildungsromans ist Teil jener Deutungsangebote, die der Roman einer Leserschicht macht, die die Intertextualität und die Möglichkeiten der Mehrfachkodierung als durchaus intellektuelles Spiel mit tradierter Literaturrezeption und literarischer Tradition begreift und daraus Lesevergnügen zieht. Über diesen Aspekt des Romans heißt es bei Reisner:

„Liest man das ‚Parfum' vor der Folie traditioneller Romanarten wie des Entwicklungs- und Bildungsromans, so wird deutlich, dass Süskind nicht etwa nur erfolgreiche Gattungen der literarischen Tradition ausbeutet, sondern dass hier mit bekannten Versatzstücken ein ironisches Spiel, eine Art Maskerade inszeniert wird. Es spricht für die Qualität des Romans, dass solche Handlungsstereotypen wie die des Kriminalromans im neuen Kontext der ‚Geschichte eines Mörders' neue Funktionen übernehmen. Vordergründig für Spannung sorgend, entwickeln sie durch ihre intertextuelle Vernetzung im Hintergrund eine Fülle neuer Deutungsfacetten: Ein ironischer Kommentar des Autors wird sichtbar und das Geschehen offen für parodistische, ja paradoxe Effekte."[130]

Im September 2006 kam die Verfilmung des Romans unter der Regie von Tom Tykwer in die Kinos. Wie bei einer Literaturverfilmung, zumal der eines so vielschichtigen Romans, kaum anders zu erwarten, stieß die 50–60 Millionen Euro teure Produktion bei der Kritik nicht auf uneingeschränkte Begeisterung. War für die Frankfurter Allgemeine die Verfilmung eine „herbe Enttäuschung" (FAZ vom 13. 9. 2006) und titelte die Süddeutsche „Das Parfum – die missglückte Verfilmung eines Bestsellers" (SZ vom 13. 9. 06), so spricht die Westdeutsche Allgemeine von „opulenten, wundervoll ausgeleuchteten Bil-

130 Reisner, S. 130

dern" (WAZ vom 11. 9. 06) und die Ruhr-Nachrichten davon, dass es dem Produzenten Bernd Eichinger einmal mehr gelungen sei, „attraktives Kino für das erwachsene, etwas anspruchsvollere Publikum anzubieten." (Ruhr-Nachrichten vom 14. 9. 06). Unbeeindruckt von etlichen Negativ-Kritiken strömten schon in der Startwoche weit über zwei Millionen Besucher in deutsche Kinos, um den Film zu sehen (Quelle: SPIEGEL 39/2006, S. 168).

3. Themen und Aufgaben

Die Lösungstipps beziehen sich auf die Kapitel der vorliegenden Erläuterung.

1. Thema: Tipp → 2.4.1
▶ Erläutern Sie die Bedeutung des ersten Mordes für die Entwicklung der Hauptfigur!

2. Thema: Tipp → 2.4.6
▶ Erarbeiten Sie die Grundstruktur der Beziehungen zwischen Grenouille und den anderen Figuren des Romans!

3. Thema: Tipp → 2.2/2.4.1
▶ Weisen Sie unter Bezug auf den 1. Teil des Romans nach, dass Grenouille von Beginn an auf Ablehnung stößt!

4. Thema: Tipp → 2.6.2/2.6.3 sowie 1. und 3. Teil des Romans
▶ Beschaffen Sie sich Informationen über die Verfahren zur Herstellung von Parfum! Gleichen Sie diese Informationen mit den Schilderungen im Roman ab!

5. Thema: Tipp → 2.4.3
▶ Weisen Sie nach, dass Süskind seinen Protagonisten mit Elementen des Teuflischen und Dämonischen ausstattet!

6. Thema:
▶ Sie sind Polizeipräfekt von Grasse. Entwerfen Sie ein Fahndungsplakat nach dem Mörder der 24 Mädchen!

Tipp → 3. Kapitel des Romans/Kap. 2.4.5 dieses Bandes

7. Thema:
▶ Erläutern Sie das Bild vom Zeck und seine Bedeutung im Roman!

Tipp → 2.4.4

8. Thema:
▶ Weisen Sie anhand des 1. Kapitels des Romans sprachlich-stilistische Merkmale des Erzählens nach!

Tipp → 2.6/2.2

9. Thema:
▶ Süskinds Roman ist eine (verdeckte) politische Parabel! Nehmen Sie zu dieser These begründet Stellung!

Tipp → 2.4.6/4.3

10. Thema:
▶ Listen Sie einmal Redewendungen und Sprichwörter auf, in denen die Nase oder das Thema Geruch aufgegriffen werden (z. B. „immer der Nase nach")! Weisen Sie unter Bezug auf den Roman nach, dass Süskind in zahlreichen Varianten mit solchen Redwendungen spielt!

4. Rezeptionsgeschichte und Materialien

Süskinds vielschichtiger Roman weist verschiedene thematische Bezüge auf, von denen wir einige Aspekte im Analyseteil behandelt haben. Die folgenden Materialien sollen die vorangegangenen Überlegungen vertiefen bzw. um neue Gesichtspunkte erweitern helfen.

4.1 Religion und Ethik

Heinz Dörfler widmet in seiner Untersuchung des Romans den darin zum Tragen kommenden religiösen Aspekten Aufmerksamkeit. Er geht dabei von der Funktion aus, die das Parfum für Grenouille hat:
„Das Parfum soll Grenouille zu seiner menschlichen Individualität verhelfen, zu dem Geruch und Identität gehören. Grenouille beschreitet diesen Weg zum ‚Menschsein' äußerlich und innerlich. Der siebenjährige Aufenthalt in einer Höhle des Plomb du Cantal stellt eine Art Inkubationszeit Grenouilles dar, vergleichbar (als Gegenentwurf) mit Jesu Aufenthalt in der Wüste und der Versuchung Jesu durch den Satan. Grenouille gelingt es aber nicht, sein Wesen auf einen ‚Nenner' zu bringen, da ihm ein personaler Kern fehlt (...) Daher wird Grenouille vom Trieb, von Ahnungen und Stimmungen außengesteuert; eine Integration gelingt nicht.
Grenouille ist ein Schöpfer in seinem Reich; säkularisiert formuliert: Ein Künstler gestaltet aus seinem Inneren eine eigene Welt: ‚Dies war sein Reich'. ‚Von ihm, dem einzigartigen Grenouille erschaffen und beherrscht, von ihm verwüstet, wann es ihm gefiel, und wieder aufgerichtet, von ihm ins

Unermeßliche erweitert und mit dem Flammenschwert verteidigt gegen jeden Eindringling'. Die Vertreibung aus dem Paradies wird hier umgekehrt. Grenouille befindet sich im Paradies, sät Samen und wirkt als Gärtner. Die Anspielung auf den Schöpfungsauftrag des Menschen ist nicht zu übersehen. Der Garten Eden ist seine Umwelt. (...) Dennoch macht das ‚Doppelamt des Rächers und Weltenerzeugers' ihn müde. Grenouille sehnt sich nach ‚häuslichen Freuden', das heißt wohl nach Menschen, nach Partnern.
Der Schluss des Romans lässt sich mit der Entäußerung Jesu Christi in Beziehung setzen. Der Kannibalismus der Kretins erinnert an ein atavistisches Kultmahl oder an eine Kontrafraktur des letzten Mahles Jesu mit seinen Jüngern. Die Massensuggestion weist auch auf einen religiösen Hintergrund hin (siehe Wunderberichte in den Religionen). Manifest ist der religiöse Bezug in einem latenten Engels- bzw. Reliquienkult. Vieles deutet darauf hin, dass der (allerdings bewusst in Kauf genommene) Opfertod einen Gegenentwurf zum Opfertod Christi darstellt, allerdings ohne Transzendenz.
Von Grenouille wird gesagt, dass er sich von Hunderttausenden umjubeln lassen, in Versailles vom König die Füße küssen lassen, dem Papst parfumierte Briefe schreiben, sich als neuer Messias offenbaren und sich in Notre Dame zum Oberkaiser, ja als Gott salben lassen könnte.
Diese Omnipotenzvorstellungen scheitern durch Grenouilles Selbsterkenntnis, dass die Menschen glaubten, ihn zu begehren. Was sie wirklich begehrten, blieb ihnen ein Geheimnis. ‚(...) Zugleich bin ich der einzige, den es (das Parfum) nicht bezaubern kann. Ich bin der einzige, für den es sinnlos ist'.
Grenouille kann sich nicht selbst erlösen. Daran scheitert er. Die in ihm angelegte Antinomie ist auch für ihn selbst unüberwindbar."[131]

131 H. Dörfler, S. 121 f.

***

Auch ethische Bezüge sieht Dörfler in Süskinds *Parfum*. Neben Einflüssen des französischen Existenzialismus, v. a. Camus, gilt Michel Foucault als ein Vertreter der sog. „Neuen Philosophie" in Frankreich, der das Denken Süskinds geprägt hat. Über Foucault und seine Bedeutung für Süskinds Roman schreibt Dörfler:

„Als Ethik begreift Foucault die Praktizierung der Freiheit, die Nietzsches ‚Genealogie' voraussetzt. Die Praktizierung der Sorge um sich bleibt nicht auf das Subjekt zentriert. So hat die Sorge um sich als die Kunst, seine Freiheit in der richtigen Weise zu gebrauchen, gleichsam zwei Seiten: im Politischen lehrt sie, sich und andere zu regieren; im Ästhetischen, ‚seinem Leben eine schöne Form zu geben'. Letzterer Aspekt kommt vor allem in Süskinds Roman zum Tragen. Nach Foucault ist das Selbst nicht gegeben, ‚sondern muss erst hergestellt werden' – dies ist gewissermaßen die artistische und pragmatische Komponente der Sorge um sich selbst als ‚Ästhetik der Existenz'; ‚ästhetische Arbeit am Ethos' bedeutet, seiner ‚Existenz einen Stil zu geben'. Die Mittel und Wege dieser Arbeit bezeichnet Foucault als ‚Selbsttechniken'. Es sind Techniken, die es Individuen gestatten, ‚an ihnen selbst, an ihren eigenen Körpern und Seelen, an ihrer Lebensführung, Operationen vorzunehmen, um sich selber umzuformen und einen Zustand größeren Glücks und größerer Vollkommenheit zu erreichen.'

Dies alles stellt eine Praxis des Einwirkens auf sich dar, der Herstellung eines besseren und schöneren Selbst. So ist auch die Askese eine Praxis der Wahrheit (...). ‚Die Ethik der Sorge um sich hat es mit der Endlichkeit der Subjekte und deren Verhältnis zu ihrem Tod zu tun.' Sie behandelt dieses Verhältnis jedoch nicht als fundamental ontologische Struktur, son-

dern als praktisches Problem, das u. a. mit ästhetischen Selbsttechniken anzugehen ist.
Denkt man an das Ende Grenouilles, so wird die Warnung Foucaults verständlich, mit der er sein Buch ‚Archäologie des Wissens' beschließt: ‚Es kann durchaus sein, dass ihr Gott unter dem Gewicht all dessen, was ihr gesagt habt, getötet habt. Denkt aber nicht, dass ihr aus all dem, was ihr sagt, einen Menschen macht, der länger lebt als er.'"[132]

132 ebd., S. 124 f.

4.2 Pastiche und Postmoderne

Nach Paul Michael Lützeler handelt sich bei Süskinds Roman um „alles andere als ein konventionelles Kunstwerk, sondern um eines der Schlüsselwerke der deutschsprachigen postmodernen Literatur"[133].

Mit der Zuordnung zur Postmoderne weist Lützeler den Roman einer literarischen Strömung zu, die – in Abgrenzung von der Moderne und mit parodistischen „Seitenhieben auf die kanonischen Werke der romantischen und symbolistischen Literaturtradition"[134] die Trennung zwischen „seriöser Literatur" und „Massenliteratur" aufheben will. Dabei ist die Postmoderne nicht eine Literaturrichtung mit ausgewiesener ästhetischer Programmatik, sondern erhebt die Vielfalt der Stile zum Programm. „Traditionell erzählt, spannend auf die Handlung orientiert, akzeptabel für das breite Publikum, vergnüglich dabei, aber mit Ironie, ohne Unschuld das ist das literarische Programm des Postmodernismus. Postmodernismus, so ihr Theoretiker (und bekanntester Praktiker) Umberto Eco, ist keine zeitlich begrenzbare Strömung, sondern eine Geisteshaltung. Ironie, metasprachliches Spiel, Maskerade hoch zwei.'[135]

Judith Ryan weist in ihrem Aufsatz *Pastiche und Postmoderne* Süskinds Roman u. a. aufgrund seiner widersprüchlichen Tendenzen und der parodistischen Bezugnahme auf die Ästhetik der Romantik und des Symbolismus der postmodernen Literatur zu:

„Insofern die Postmoderne als eine Art kompliziertes Spiel zwischen Text und Leser definiert werden kann, stellt *Das*

---

133 Paul Michael Lützeler: *Von der Spätmoderne zur Postmoderne.* In: Paul M. Lützeler (Hrsg.), Spätmoderne und Postmoderne. Beiträge zur deutschsprachigen Gegenwartsliteratur, Frankfurt 1991, S. 17

134 ebenda

135 N. Höpfner, in: Die Presse

Parfum dieses Verhältnis durch eine stillschweigende Einladung an den Leser her, so viele Anspielungen wie nur möglich aufzuspüren. (...) Zweifellos haben Süskinds Rückgriffe auf bekannte literarische Formeln, seine Evokation vergangener sprachlicher und ikonografischer Welten etwas Beunruhigendes an sich. Der Leser wird mit einer fast ununterbrochenen Mischung von Zitaten, Halbzitaten und stilistischen Nachahmungen konfrontiert, die trotz ihrer heterogenen Herkunft fast genauso abgerundet vorkommt wie der unwiderstehliche Duft des Meisterparfumeurs Grenouille. (...)
Ein wichtiger Aspekt von Pastiche und Parodie in Süskinds Roman liegt, wie gesagt, in dessen Bezugnahme auf Romantik, Symbolismus und Ästhetizismus. Realistische und naturalistische Bezüge - Erinnerungen an Dickens, Fontane oder Balzac - lassen sich zwar durchaus erkennen, zumal da Süskind sich an traditionelle Erzähltechniken hält und modernistische Methoden weitgehend vermeidet. Die Entwicklung der Künstlerthematik, insbesondere der Thematik des Verhältnisses zwischen Künstler und Natur, wird jedoch in erster Linie durch Anspielungen auf eine sich von der Vorromantik bis zur Neuromantik erstreckende literarische Tradition bestimmt. Goethe erscheint hauptsächlich unter romantischem Vorzeichen, beispielsweise in den Hinweisen auf seine Vorstellungen von Genie und Schöpfertum. Grenouilles Winterschlaf in den Bergen während des Siebenjährigen Krieges entspricht Fausts Heilschlaf, der Vorbedingung seiner schöpferischen Aktivitäten im zweiten Teil der Dichtung. (...) Durch die im Text angelegten widersprüchlichen Tendenzen weist *Das Parfum* entschieden postmoderne Züge auf. Einerseits eignet sich der Roman eine große Anzahl früherer Texte an und scheint durch diesen außerordentlichen Anspielungsreichtum den wiederholt evozierten Geniegedanken unterstreichen zu wollen. An-

dererseits warnt der Roman vor der Gefahr des Genies. Denn dieses Genie ist zugleich auch ein Mörder: die Kunst erscheint also als eine Form des Kriminellen.
(...) Süskind (zeigt), inwiefern der Schriftsteller von heute einer literarischen Tradition verpflichtet ist, die den Künstler als pseudo-göttliche Figur und dessen Werk als autonome Produkte einer ursprünglichen Einbildungskraft vorstellt. Indem er aber seine Anspielungen auf eine immer noch verehrte literarische Vergangenheit so einsetzt, dass sie ihrer Ursprünglichkeit beraubt und gleichsam in eine unreine Mischung aufgelöst werden, stellt er bekannte Talismane unserer Kultur in Frage. Somit muss die Pastiche-Technik des Parfums als eine absichtliche Strategie verstanden werden."[136]

136 Judith Ryan, S. 93 (Pastiche: stlistische Nachahmung eines anderen Autoren)

4.3 Masse und Individuum

Wolfgang Hallet untersucht die Frage nach dem Verhältnis von Masse und Individuum. Eckhard Franke zeichnet ein psychologisches Profil der Figuren in Süskinds Werk.

Hallet schreibt über Grenouille und die Menge:

„Die geplante Hinrichtung Grenouilles ist nicht von ungefähr als Massenszene gestaltet. Nicht nur hat sich Grenouilles geniale Idee als kläglich misslungenes chemisches Experiment erwiesen, sondern die Menge ist auch unfähig, die Kreation des Genies und die mit ihr verbundene Intention zu erkennen. (...) Die Menge ist nicht in der Lage zu unterscheiden zwischen dem Menschen Grenouille und seiner Verkleidung, sie hält das Surrogat für die Essenz, das Parfum für den Menschen. So scheitert Grenouille nicht nur an sich selbst, sondern auch an den tauben und tumben Massen (...). An ihrer Sinnlichkeit, die er sich doch hatte unterwerfen wollen, geht er letztlich zugrunde. So bringt das Ende des Romans (auch das Grenouilles) eine Macht ins Spiel, die sich erst in unserem Jahrhundert sozusagen vollends zu einem historischen Subjekt ausgebildet hat: die Masse. In dieser Szene wie auch in der dem Roman als historische Folie dienenden Zeitalter der Französischen Revolution scheint so schon das moderne Massenzeitalter herauf, das Scheitern des Genies an der Menge verrät die Erzählung gleichsam als unserem Jahrhundert entsprungen. (...) Erst mit der Erfahrung der Französischen und vieler nachfolgender Revolutionen und der Moderne im Kopf kann die Masse so agieren wie bei Süskind (...). Für uns Heutige kann die faszinierende Unternehmung des autonomen, fast autarken Individuums, das die Welt aus den Angeln heben

möchte, nur noch Schreckensvision sein, das vorgebliche Genie ist nur noch im Scheitern vorstellbar (...).
Bei genauem Hinsehen ist auch der innere Zustand der im Roman beschriebenen Gesellschaft eher der heutigen adäquat. In der gesamten Erzählung gibt es keinen Gegenentwurf zu Grenouilles Kunst-Liebe, auch nur eine Andeutung der Realität von Liebe. Die menschlichen Beziehungen sind samt und sonders reduziert auf die Frage des wirtschaftlichen Nutzens und des Besitzes. ‚Liebe' existiert nur als Wahnvorstellung in Grenouilles Kopf, als paranoide Idee, als pathologische Phantasterei, deren Realisierung verheerende Ergebnisse zeitigt und deren künstliche Erzeugung in einem orgiastischen Massenwahn endet. Der heutige Leser erkennt hier zuallererst sein eigenes Jahrhundert wieder, weniger das optimistische, humanitäts-‚duselnde' achtzehnte. Vielleicht weckt diese Erzählung in ihm auch Zweifel an dem, was er bisher für seinen Ursprung gehalten hat: Ist der Ursprung des bürgerlichen Menschen denn dort, wo wir ihn immer vermutet haben? Sind wir, die wir gerne Goethe und Schiller, vielleicht auch noch Hölderlin zu unseren Vätern haben, nicht einer gewaltigen Verklärung unserer Ursprünge aufgesessen? Sind wir nicht in Wirklichkeit barbarischer und mörderischer Herkunft?
Vielleicht, auch das lehrt uns die Süskind-Geschichte, sind die wahren Genies von der Menge aufgesogen und vertilgt worden und haben keine Spuren in der Geschichte hinterlassen."[137]

***

Eckhard Franke untersucht die Hauptfiguren in Süskinds Werken, den Kontrabass-Spieler aus seinem Drama *Der Kontrabaß*, Grenouille aus dem *Parfum*, den Wachmann Jonathan Noel, die Hauptfigur aus der Erzählung *Die Taube*, und den Ich-Erzähler aus der *Geschichte von Herrn Sommer* und kommt zu dem Ergebnis:

137 W. Hallet, S. 286 f.

„Süskinds Figuren sind Anti-Helden, die sich im verwirrenden Gestrüpp ihrer Nervenfasern verheddern, heillos, ungeheilt. Sie streifen als vereinsamt, mehr oder minder psychotische Sonderlinge durchs Leben. Ob einsamer Instrumentalist oder Nasengenie oder einfacher Wachmann: Sie zeigen dasselbe seelische Spezialproblem. Psychologen sprechen von ‚Beeinträchtigungswahn', von einer Veränderung der Wahrnehmung, bei der die Mitwelt als feindlich erlebt wird. Die Reaktion solcher Individuen ist entweder der Totalrückzug auf eine Art ‚innere Lebensinsel' oder ein verborgener, verbissen-aggressiver Feldzug gegen die Welt der anderen. Doch Süskind ist kein feinsinniger Epiker psychologisch-realistischer Innenweltpanoramen, er packt seine Figuren bei ihrer habituellen Gestalt, belichtet Geistes- und Seelenzustände im Widerschein äußerer Haltungen und Handlungsweisen. (...)
Der Wahn, dem Süskinds monadische Figuren verfallen sind, ist skurril. Aus ihrer Monomanie, aus ihren schrägen Obsessionen schlägt der Autor den Funken des grotesk Komischen. Süskind ist ein Taschenspieler des in den Witz getriebenen Schreckens, des alltäglichen wie des außerordentlichen. Seine zukurzgekommenen Helden suchen Halt, Anerkennung und (letztlich doch nur dies:) die Liebe der anderen; und je mehr sie von der Unmöglichkeit dieser Liebe überzeugt sind, desto unerbittlicher (auch gegen sich selbst) ergeben sie sich ihrem Perfektionsdrang, der sich an ausgesuchte Objekte und Zustände bindet, die ihnen Lebensersatz bedeuten: absolute Herrschaft über ein Musikinstrument, die Kreation des verführerisch-absoluten Duftes, der penibel ‚erarbeitete' Zustand absoluter Ereignislosigkeit im minimalisierten Lebenswinkel. In diesen Fixierungen verdinglicht sich das existenzielle Defizitgefühl: Lebensuntüchtigkeit, Liebesunfähigkeit, das Ausgestoßensein."[138]

---

138 Eckhard Franke, S. 2–7

4.4 Der Bestseller

Judith Ryan sieht den Erfolg des Romans in der (für postmoderne Literatur typischen) Doppelkodierung (Mehrfachkodierung) begründet:
„Von Anfang an hat *Das Parfum* zugleich eine Leserelite und eine Massenleserschaft angesprochen. Der Roman wurde sehr schnell zu einem Bestseller, zunächst in den deutschsprachigen Ländern, danach in englischer und französischer Sprache. Auf das Bestsellerpublikum wirkten wohl in erster Linie das reizvolle Umschlagbild und der Untertitel, *Geschichte eines Mörders.* Im Gegensatz dazu fühlte sich der gebildete Leser durch andere Aspekte des Romans angesprochen, zum Beispiel durch Süskinds reiches Vorstellungsvermögen und seine stilistische Virtuosität.
(...) Zwischen diesen beiden Polen gab es aber auch ein ganzes Spektrum: Leser, die durch die detaillierte Heraufbeschwörung vom Paris des achtzehnten Jahrhunderts fasziniert waren; Leser, deren Interessen für das Parfummotiv schon durch eine ganze Reihe sozialgeschichtlicher Darstellungen der Intim- und Privatsphäre angeregt wurde; Leser, die sich vom Perversen und Gewalttätigen sowie von der grotesken Hauptgestalt des Romans auf makabre Weise angezogen fühlten; Leser, die von der hochliterarischen Sprache in den Text hineinverlockt werden; Leser, die im Roman ein allegorisches Puzzlespiel sahen, und dergleichen mehr. Dass man einen dieser roten Fäden durch den ganzen Roman hindurch verfolgen oder sogar viele Fäden zusammenflechten konnte, stellte für viele Leser den Reiz dieses Buches dar. An diesem breiten Interessenspektrum lässt sich die Vielfachkodierung des Parfums leicht erkennen."[139]

139 J. Ryan, S. 93

4.5 Stimmen der Kritik

Süskinds Roman wurde, so fasst Ulrich Pokern das Ergebnis seines Vergleichs von Rezensionen zusammen, „best-besprochen".[140] Dieser Feststellung Pokerns kann insgesamt zugestimmt werden; einen regelrechten „Verriss" des Romans wird man in den Feuilletons kaum finden, wohl aber durchaus einige kritische Stimmen und negative Bewertungen einzelner Aspekte des Romans.
Wegen der Fülle des Materials, der Roman ist wohl in kaum einem westdeutschen Feuilleton nicht besprochen worden, ist ein repräsentativer Überblick in Form von Auszügen der Kritiken kaum möglich.Wir begnügen uns deshalb mit einer kleinen (durchaus subjektiven) Auswahl, die aber auch kritische Stimmen zu Wort kommen lässt.

* * *

„Süskind, ein milder Epigone, schreibt sein Buch im Duktus traditioneller Autoren, mit der Kraft fast vergessener Worte, ein erfreulicher Anachronismus im modischen literarischen Bla-Bla. Als ironischer Erzähler tritt er immer wieder aus den Zeilen heraus, nimmt den Leser bei der Hand und führt ihn naseweis durch seinen duften Garten der Gerüche. Autor wie Leser suhlen sich in der dicken Luft der Düfte.
In unserer Zeit, wo ‚sämtliche Gerüche zum Schweigen gebracht wurden', (Corbin), hat Süskind die irdischen Elemente Gestank, Schmutz, Schweiß und Scheiße wieder zum Dampfen gebracht. Sein Buch ist eine Reise zurück zu den animalischen Instinkten und eine Stänkerei gegen die moderne Deo-Zeit."
(Michael Fischer, Der Spiegel)[141]

---

140 U. Pokern, S. 76
141 M. Fischer, in: Der Spiegel, S. 238

* * *

„Was läuft da schief? Das kann doch nicht mit rechten Dingen zugehen. Doch, es geht mit rechten Dingen zu: Bei aller handwerklichen Brillanz kann Süskinds Roman einen erheblichen Mangel, der mehr als ein ‚Schönheitsfehler' ist, nicht verleugnen – das Buch hat formal nichts und gar nichts mit zeitgenössischer Literatur zu tun; es könnte ebenso gut bereits in den zwanziger Jahren erschienen sein, zu Zeiten von Stefan Zweig oder Lion Feuchtwanger. Auch holt sich niemand beim Lesen eine blutige Nase, der Roman ‚Das Parfum' ätzt weder die Schleimhäute noch Hirn und Herz, er ist angenehm-prickelnd amoralisch, ohne jemanden ernsthaft zu verletzen oder gar zu einem ethischen Standpunkt zu nötigen. Delectare sine prodesse. Dieses Buch passt haargenau in die restaurative Gegenwart.
Und zeigt gleichzeitig, aus welchem Stoff Bestseller sind, deren übliches Mittelmaß jedoch weit hinter sich lassend. (…) Dem Autor Patrick Süskind, der eine so immense schriftstellerische Begabung hat, wäre zu wünschen, dass er Wege und Mut zu anstößiger, verstörender (und also großer) Literatur fände – selbst auf die Gefahr hin, von einem solchen Buch nur fünftausend Stück verkaufen zu können."
(Niels Höpfner, Die Presse)[142]

„Ein Roman, der im Einzelnen locker, fantasievoll und unbekümmert erzählt, sich dabei aber nicht nur auf irgendwelche grausig-schelmenhaften Absonderlichkeiten, sondern auf große, gewichtige, kollektive Handlungsmuster zwischen Künstler-Roman und antiken Verblendungs-Zusammenhängen bezieht – ein solcher Roman scheint doch geradezu vorbildlich, ja idealtypisch gelungen? Leider nicht ganz. (…) Die Mythen schnurren zusammen zu Anekdoten. Zwischen konkreten Schilderungen und riesigen Bedeutun-

142 N. Höpfner, in: Die Presse, S. 7

gen bleiben Lücken gar zu groß, und in der schrägen Perspektive eines schwarzen Schelmenromans wird Menschliches oder Verbindliches immer nur momentweise sichtbar. (…)
Fazit: Die Idee des Buches ließe sich eventuell mit der Kraft des Grass'schen ‚Blechtrommel'-Entwurfs vergleichen, aber gewiss nicht die Durchführung und die literarische Entfaltung. Medien-Erfahrung (auch Faulkner schrieb für Hollywood) muss nichts unbedingt Verwerfliches sein. Doch so wie Gebrauchsgrafik dem Kunst-Stil schadet, so bedeutet Fernsehspiel-Routine für Prosa zumindest eine Gefahr, vor welcher dieser hoch begabte und einfallsreiche Autor herzlich gewarnt sei."
(Joachim Kaiser, Süddeutsche Zeitung)[143]

* * *

„Es handelt sich hier um ein Stück von teilweise überaus handfertig hergerichteter Spektakelliteratur. Da werden ungehemmt alle nur denkbaren Reize eingesetzt. Der Reiz eben des Monströsen, der ausgefallenen Triebstruktur. (…) Der Reiz des historisch Exotischen kommt sodann zum Spielen. (…)
Heinrich Heine hat das Bedürfnis, das sich gegen Spießbürgerei und Langeweile regen kann, ein Bedürfnis, dem dieser pikareske Roman entgegenkommt, im Gedicht ‚Anno 1829' formuliert: ‚O dass ich große Laster säh/Verbrechen blutig, kolossal – Nur diese glatte Tugend nicht/Und zahlungsfähige Moral!'
Schon einige Zeit versuchen Schriftsteller auf solchen Lesehunger zu reagieren – es ist im übrigen einer, von dem sich die Romanliteratur als Gattung seit je genährt hat. Die Alltagsmiseren haben die künstlerische Anziehungskraft, den Unterhaltungswert eingebüßt, so gut wie die wehleidigen Innenansichten. (…) Süskind – ohne Zweifel hoch begabt, aber unvergleichlich eindimensionaler als Grass, aus dessen ‚Blechtrommel' er tüchtig gelernt zu haben

143 J. Kaiser, in: Süddeutsche Zeitung, S. V

scheint – versteht sich auf die nötigen Zugaben von Trivialität. Zur Geschichte der angesprochenen Epoche etwa in Paris erfährt man herzlich wenig – einige historische Lokalitäten und Vokabeln genügen, wie in einem Kostümfilm, der ja auch Exotik und nicht Zeitanalyse einbringen will."
(Beatrice von Matt, Neue Zürcher Zeitung)[144]

***

„Süskind versteht es den Leser zu schocken, mit starken Kontrasten, kühl kalkulierten Effekten und Superlativen, die nur noch von denen seiner Kritiker übertroffen werden. Dieser Spezialist für literarische Sinnlichkeit kennt die Bedürfnisse seiner Konsumenten und dringt mit seiner raffinierten Mischung aus Geruchsgeschichte und Kriminalfall in die Herzen potentieller Parfum-Produzenten, denen er ausführliche Anleitungen zum Mixen der edlen Tropfen widmet, ebenso wie in die der Buchhändler, denen er – endlich mal wieder – ein Geschäft beschert, einen Bestseller.
Geschickt nutzt er jene nicht nur literarische Welle, in deren Strömung wir nach Jahren subtiler Introspektion und dürrer Intellektualität nun nach derbdeftiger Sinnlichkeit aller Art lechzen und auch die verdrängten und vernachlässigten Geruchsempfindungen wieder entdecken sollen. Dass Süskinds Duftstrom alle differenzierten Wahrnehmungsorgane eher narkotisiert, kann den Erfolg seines ‚Buchs der Gerüche' nur vergrößern. Es lockt die simple Botschaft vom menschlich-allzu menschlichen Geruch, auch wenn dies ein ‚schweißig-fettes, käsig-säuerliches, ein im Ganzen reichlich ekelhaftes Grundthema' ist. Doch als Parabel über den Autor Süskind sollte man die Erfolgsgeschichte des Parfumeurs schon gar nicht lesen – da sei Grenouille bzw. Chanel vor!"
(Annette Meyhöfer, Vorwärts)[145]

***

144 B. von Matt, in: Neue Zürcher Zeitung, S. 43
145 A. Meyhöfer, in: Vorwärts, S. 22

„Aber des Lebens ungemischte Freude wird uns Lesern der zeitgenössischen deutschen Romane nur sehr selten zuteil. Wer die erste Hälfte dieses Buches geradezu mit roten Backen zur Kenntnis genommen hat, der muss später einige Enttäuschungen in Kauf nehmen (...) In dieser zweiten Hälfte mutet Süskinds Prosa ein wenig epigonal an. Aber wen ahmt er nach? Keinen anderen als sich selber. Er wiederholt sich. Und warum, ist ihm etwa die Puste ausgegangen? Ich glaube, es gibt da noch einen anderen, vielleicht triftigeren Grund. Die Biografie des Mannes mit der einzigartigen Witterung ist zwar von Anfang an als Gleichnis angelegt, doch sind die parabolischen Elemente vorerst noch dezent: Es triumphiert immer wieder das artistische Temperament eines Erzählers, dem es Spaß macht, den Lesern allerlei vorzuflunkern und sie damit vorzüglich zu unterhalten. Nachher hingegen ist es umgekehrt, Süskind bemüht sich jetzt in wachsendem Maße um den gleichnishaften Charakter seiner Geschichte. Dieser wird tatsächlich immer deutlicher – und leider auch immer aufdringlicher. So paradox dies auch anmuten mag: Wo er dem Spieltrieb nachgibt, da gerade hat seine Prosa Gewicht, wo er aber um den tieferen Sinn seines Buches besorgt ist, da wird es oberflächlicher und artifizieller. (...)
Jedenfalls ist es schön, endlich einmal feststellen zu können: Unsere Literatur hat ein Talent mehr – und ein erstaunliches obendrein."
(Marcel Reich-Ranicki, Frankfurter Allgemeine Zeitung)[146]

***

146 M. Reich-Ranicki, in: FAZ Nr. 52/1985

„Was hat dieses Buch anderen, die gar nicht erst aus der Flut der Neuerscheinungen auftauchen, so sehr voraus?
Spektakulär ist es selbst so wenig wie sein Autor, der so gut wie nie in den Medien zu betrachten ist und der Literaturpreise, jedenfalls in Deutschland, ablehnt. Es ist auch nicht ‚innovativ' – hierzulande ohnehin eher ein Merkmal für schwerverkäufliche Literatur. Vielleicht ist es gerade dies, was den Erfolg vom ‚Parfum' ausmacht: dass es brillant auf der Klaviatur altbewährter Erzähltradition gespielt ist und so für fast jeden Leser etwas hat: eine klare Diktion, für jedermann verständlich, dabei aber anspruchsvoll genug, um literarisch ‚hoffähig' zu sein; erzählerisches Können; einen leicht zu bewältigenden Umfang; eine interessante, nicht alltägliche, überschaubare Handlung; eine extraordinäre Hauptfigur mit unvergleichlichen (Riech-)Fähigkeiten, eine Prise kriminalistischer Spannung, eine historische Verpackung, von der man nebenbei auch noch Kulturgeschichtliches zu lernen vermeint. – Ein ideales Produkt für die Relikte der bürgerlichen Lesegesellschaft."
(Ulrich Pokern, text und kritik)[147]

147 U. Pokern, in: text und kritik, S. 70

Literatur

Werke des Autors

Süskind, Patrick: *Das Parfum,* Zürich: Diogenes, 1985
ders.: *Das Parfum,* Zürich: Diogenes, 1994
(Nach dieser Ausgabe wird zitiert.)
ders.: *Der Kontrabaß,* Zürich: Diogenes, 1984
ders.: *Die Taube,* Zürich: Diogenes, 1987
ders.: *Die Geschichte von Herrn Sommer,* Zürich: Diogenes, 1991
ders.: *Der Zwang zur Tiefe.* In: Tintenfass 20, Zürich 1991, S. 259-263
ders.: *Dreißig Jahre umsonst gelesen! oder Amnesie in litteris.* In: Tintenfass 20, Zürich 1991, S. 11-18

Sekundärliteratur

Fachwissenschaftliche Literatur

Berger, Norbert: *Patrick Süskind, Das Parfüm.* In: Praxis Deutsch 86, Seelze 1987, S. 58–62

Dörfler, Heinz: *Das Feature-Modell. Zur Erschließung von Patrick Süskinds Roman ‚Das Parfum'.* In: H. Dörfler, Moderne Romane im Unterricht, Frankfurt/M. 1988, S. 107–130
(Neben Hinweisen zum Verständnis des Romans präsentiert der Aufsatz ein Unterrichtsmodell, das zum kreativen Umgang mit Süskinds Roman anleitet.)

Franke, Eckhard: *Patrick Süskind.* In: Kritisches Lexikon zur deutschsprachigen Gegenwartsliteratur, 42. NLG, S. 1–8
(Ein kompakte Einführung in Leben und Werk Süskinds mit ausführlichem Literaturverzeichnis.)

Frizen, Werner/ Spancken, Marilies: *Patrick Süskind, Das Parfum* (Oldenbourg Interpretationen Bnd. 78), Oldenbourg Verlag, München, 2. Aufl. 1998
(Sehr ausführlich wird in alle zum Verständnis des Romans wichtigen Aspekte eingeführt. Der Band enthält Vorschläge zur Unterrichtsgestaltung sowie für Klausuren und Hausaufgaben.)

Gerth, Klaus: *Bestseller.* In: Praxis Deutsch 86, Seelze 1987, S. 12–16

Hage, Volker: *Zur deutschen Literatur 1985.* In: Deutsche Literatur 1985, Stuttgart 1986, S. 7 ff.

Hallet, Wolfgang: *Das Genie als Mörder. Über Patrick Süskinds ‚Das Parfum'.* In: Literatur für Leser 3/4 1989, S. 275–288

Lucht, Frank: *Erkennen Sie die Melodie? Postmoderne Romane, z. B. Klaus Modicks „Grau der Karolinen".* In: Merkur. Deutsche Zeitschrift für europäisches Denken (Hrsg. Karl Heinz Bohrer), Heft 9/10 1986, München 1986, S. 892–897

Pokern, Ulrich: *Der Kritiker als Zirku(lation)sagent. Literaturkritik am Beispiel von Patrick Süskinds „Das Parfum". Geschichte eines Mörders.* In: text und kritik 100. (Hrsg. Heinz Ludwig Arnold), München 1988, S. 70–76

Raab, Alexander/Dr. Oswald, Ellen: *Patrick Süskind, Das Parfum* (Mentor Lektüre Durchblick Bnd. 323), Mentor Verlag, München, 2. Aufl. 1998
(Der schmale Band (64 Seiten) liefert Grundinformationen über den Autor und den Roman; die Interpretation umfasst 16 Seiten; der Band enhält Übungsaufgaben mit Lösungen.)

Reisner, Hans-Peter: *Patrick Süskind, Das Parfum.* Klett Lektürehilfen, Klett Verlag, Stutgart 1998
(Der Band geht ausführlich auf die Figuren, die Thematik und die Erzählweise ein.)

Ryan, Judith: *Pastiche und Postmoderne. Patrick Süskinds Roman „Das Parfum".* In: Paul Michael Lützeler, Spätmoderne und Postmoderne. Beiträge zur deutschsprachigen Gegenwartsliteratur, Frankfurt 1991, S. 91–103

Scheel, Kurt: *Priester, Präzeptor, Animateur. Beim Lesen zeitgenössischer Literatur.* In: Merkur. Deutsche Zeitschrift für europäisches Denken (Hrsg. Karl Heinz Bohrer) Heft 9/10 1986, München 1986, S. 887–892

Rezensionen

Alings, Gabriele: *Dufte/Patrick Süskinds ‚Parfum' – ein Mörder auf der Suche nach dem Duft aller Düfte.* In: Die Tageszeitung Nr. 1578 v. 4. 4. 1985, S. 8

Fischer, Michael: *Ein Stänkerer gegen die Deo-Zeit.* In: Der Spiegel 10/85 v. 4. 3. 1985, S. 237 f.

Götze, Karl-Heinz: *Mörderischer Wohlgeruch/Patrick Süskinds Roman ‚Das Parfum'.* In: Deutsche Volkszeitung/die tat Nr. 35 v. 30. 8. 1985, S. 2

Grack, Günther: *Der Duft der Schönheit/Patrick Süskinds Roman ‚Das Parfum'.* In: Der Tagesspiegel Nr. 12021 v. 7. 4. 1985, S. 47

Gutschke, Dr. Irmtraud: *Leichen auf dem Weg zum Liebesparfum.* In: Neues Deutschland Nr. 209 v. 5./6. 9. 1987, S. 14

Hartmann, Rainer: *Die feine Nase des Grenouille/Erzähllust entführt in eine Welt der Düfte.* In: Kölner Stadt-Anzeiger Nr. 68/28 v. 21. 3. 1985

Hocke, Thomas: *Duftige Mordrätsel aus dem Paris Watteaus. Erzähl-Debüt: Patrick Süskinds Roman ‚Das Parfum'.* In: Rheinischer Merkur/Christ und Welt Nr. 13 v. 23. 3. 1985, S. 21

Höpfner, Nils: *Grenouille, das Nasenmonster. Irdische, himmlische und höllische Düfte.* In: Die Presse Nr. 11120 v. 6./7. 8. 1985, S. 7

Kaiser, Joachim: *Viel Flottheit und Fantasie. Patrick Süskinds Geschichte eines Monsters.* In: Süddeutsche Zeitung Nr. 74 v. 28. 3. 1985

Krämer-Badoni, Rudolf: *Neuer Vampir für den Film? Patrick Süskinds Romangeschichte eines Mörders.* In: Die Welt Nr. 40 v. 16. 2. 1985, S. 21

Matt, Beatrice von: *Das Scheusal als Romanheld. Zum Roman ‚Das Parfum' von Patrick Süskind.* In: Neue Zürcher Zeitung, Fernausgabe Nr. 61 v. 15. 3. 1985, S. 43

Meyhöfer, Annette: *Zwerg Nase im Reich der Geruchssinne. Des Autors literarische Monster feiern einsame Orgien der Fantasie.* In: Vorwärts Nr. 26 v. 22. 6. 1985, S. 22

N.N.: *Riss in der Idylle. Neues von Patrick Süskind: Die Geschichte von Herrn Sommer* In: Der Spiegel 43/1991, Hamburg 1991, S. 301-303

Reich-Ranicki, Marcel: *Des Mörders betörender Duft. Patrick Süskinds erstaunlicher Roman ‚Das Parfum'.* In: Frankfurter Allgemeine Zeitung Nr. 52 v. 2. 3. 1985

Schütte, Wolfram: *Parabel und Gedankenspiel. Patrick Süskinds erster Roman ‚Das Parfum'.* In: Frankfurter Rundschau Nr. 81 v. 5. 4. 1985, S. ZB 4

Stadelmaier, Gerhard: *Lebens-Riechlauf eines Duftmörders. Patrick Süskinds Roman ‚Das Parfum' – Die Geschichte eines Mörders.* In: Die Zeit Nr. 12 v. 15. 3. 1985, S. 59

Wallmann, Jürgen P.: *Der Duft des großen kleinen Genies. Patrick Süskinds erster Roman.* In: Deutsches Allgemeines Sonntagsblatt Nr. 15 v. 14. 4. 1985, S. 27

Sonstige Literatur

Altweg, Jürgen/Schmidt, Aurel: *Französische Denker der Gegenwart,* München 1987

Augstein, Jürgen: *Liebe geht durch die Nase,* in: AKKU Nr. 4/84 v. 24. 10. 1989, S. 8–11

Baumgärtner, Alfred C.: *Krimi,* in: Praxis Deutsch 44/80, Seelze 1980, S. 7–14

Bürger, Gottfried August: *Verhör einer Kindsmörderin,* in: Arbeitsbuch Deutsch/Sek.II, Bd.2 Literatur und Gesellschaft. Hrsg. v. Robert Ulshöfer, Dortmund 1972, S. 148 f.

Corbin, Alain: *Pesthauch und Blütenduft. Eine Geschichte des Geruchs,* Berlin 1986

Dürrenmatt, Friedrich: *Die Physiker,* Zürich 1962

Fassbinder, Franz (Hrsg): *Spiegel der Seele/Zweihundert Jahre deutscher Dichtung,* Münster 1960

Ford, Clellan S./Beach, Frank A.: *Formen der Sexualität/Das Sexualverhalten bei Mensch und Tier,* Berlin 1954

Foucault, Michel: *Überwachen und Strafen. Die Geburt des Gefängnisses,* Frankfurt 1989

Freud, Sigmund: *Drei Abhandlungen zur Sexualtheorie,* Frankfurt 1971

Genzler, Ulrich: *Kill for Fun – dem Serienmörder auf der Spur.* In: Schwarze Beute 7 (Hrsg. R. Rendell), Reinbek 1992, S. 157–181

Goethe, Johann Wolfgang von: *Faust I,* Stuttgart 1963

Harris, Thomas: *Das Schweigen der Lämmer,* München 1992

Kleist, Heinrich von: *Michael Kohlhaas,* Stuttgart 1979

Kriege, Angelika: *Balladen – hören, spielen, verstehen,* Stuttgart 1991

Matzkowski, Bernd: *Die Wandlung der Detektivfigur.* In: Praxis Deutsch, 44/80, Seelze 1980, S. 53–56

Mayr, G./Lindner, M.: *Der Killer mit Charisma: Zum Motiv des Serienmörders im Thriller,* in: waz vom 28. 4. 1993, wts 64

O'Malley, Ursula: *Geruch ist Gefühlssache. Der Geruchssinn in der historischen Dimension,* in: Geschichte lernen, Heft 15/1990, S. 24-30

Rimmel, Eugene: *Das Buch des Parfums,* Berlin 1988

Sacks, Oliver: *Der Mann, der seine Frau mit einem Hut verwechselte,* Reinbek 1992

Schiwy, Günther: *Poststrukturalismus und ‚Neue Philosophen',* Reinbek 1985

Starobinski, Jean: *Kirchtürme und Schornsteine/Über das Archaische und das Moderne,* in: Neue Zürcher Zeitung v. 6./7. 12. 1986, S. 69

Vorländer, Karl: *Philosophie der Neuzeit/Aufklärung. Geschichte der Philosophie Bd.V,* Reinbek 1969

Waelder, Robert: *Die Grundlagen der Psychologie,* Stuttgart 1969

Wilpert, Gero von: *Sachwörterbuch der Literatur,* Stuttgart 1969

Verfilmung:

Das Parfum – Die Geschichte eines Mörders. Regie: Tom Tykwer, Drehbuch: Andrew Birkin, Bernd Eichinger, Tom Tykwer. Ben Whishaw als Grenouille, Dustin Hoffman als Baldini. Frankreich/Spanien/Deutschland 2006.